SINDBAD

Catalogue exhaustif

janvier 1996

Sindbad

Pierre Bernard, fondateur

ÉDITORIAL

FAROUK MARDAM-BEY
18, rue de Savoie, 75006 Paris
TÉLÉPHONE : 1. 46 33 25 57
TÉLÉCOPIE : 1. 43 25 48 57

RELATIONS PRESSE

VALÉRIE SUIRE
18, rue de Savoie, 75006 Paris
TÉLÉPHONE : 1. 43 54 70 61
TÉLÉCOPIE : 1. 40 51 79 77

SIÈGE SOCIAL

ACTES SUD
LE MÉJAN
Place Nina-Berberova, 13200 Arles
TÉLÉPHONE : 90 49 86 91
TÉLÉCOPIE : 90 96 95 25

DISTRIBUTION LIBRAIRIES

FRANCE ET BELGIQUE

FLAMMARION
UD-UNION DISTRIBUTION
106, rue du Petit-Leroy
BP 403
CHEVILLY-LARUE
94152 RUNGIS CEDEX

SUISSE

SERVIDIS
CH 1261 CHAVANNES DE BOGIS

QUÉBEC

Diffusion Leméac
1124, rue Marie-Anne Est
MONTRÉAL
H2J 2B7 CANADA

Distribution Prologue
1650, bd Lionel-Bertrand
Bois-Briand
QUÉBEC J7E 4H4
CANADA

SOMMAIRE

LA BIBLIOTHÈQUE ARABE 15
    Les Classiques 15
    Les Littératures contemporaines 19
    Hommes et Sociétés 26
    L'Histoire décolonisée 29
    L'Actuel 30
    Textes politiques 32

LE CORAN 33

LA BIBLIOTHÈQUE DE L'ISLAM 34

LA BIBLIOTHÈQUE PERSANE 41

LA PETITE BIBLIOTHÈQUE SINDBAD 43

LES GRANDS DOCUMENTS 46

IDÉES INTERDITES 47

DIVERS 47

© ACTES SUD, 1996
ISBN 2-7427-0813-8

Illustration de couverture :
Détail d'une porte, Sidi-Bou-Saïd, Tunisie
Photographie de Manuelle Roche

Ce catalogue est d'abord un hommage à Pierre Bernard. Il recense les quelque cent soixante-dix titres que le fondateur-directeur des éditions Sindbad, disparu en avril 1995, a publiés en vingt ans, de 1972 à 1992. Chacun témoigne de la passion qui l'habitait pour le monde arabe et l'islam. Chacun atteste aussi son talent d'éditeur, tant ce découvreur était perspicace dans ses choix, rigoureux dans l'établissement des textes, raffiné dans ses mises en pages. Il avait ce à quoi l'on reconnaît les éditeurs de race : le souci du détail qui fait parfois toute la différence.

En reprenant la collection Sindbad, les éditions Actes Sud se sont engagées à lui garder son nom, son unité, son format, et, surtout, à la développer dans le même esprit qui animait Pierre Bernard. "La Bibliothèque arabe", pilier de la collection, continuera donc à accueillir des textes littéraires, classiques ou contemporains, mais aussi, dans la série "Hommes et sociétés", des études en sociologie, anthropologie, urbanisme ou histoire de la littérature. "La Bibliothèque de l'islam" s'enrichira régulièrement de textes, d'essais et de témoignages sur l'islam, comme religion et comme culture. "La Bibliothèque persane", où ont été publiés de très grands classiques, comme Ferdowsi ou Hâfez, s'ouvrira à la littérature de l'Iran contemporain. En même temps, seront réédités nombre d'ouvrages épuisés. Déjà, deux des quatre titres d'Ibn Khaldûn parus chez Sindbad

– *Peuples et nations du monde* et *Le Voyage d'Occident et d'Orient* – sont à nouveau disponibles.

Bientôt, Sindbad lancera deux autres séries. La première, "Mémoires de la Méditerranée", fera connaître, à partir du printemps 1996, un genre littéraire dont on s'est peu occupé en France depuis Taha Hussein et Tawfîq al-Hakîm : l'autobiographie. Quant à la seconde, "La Bibliothèque turque", elle sera initiée en 1997, avec l'ambition de couvrir l'immense aire culturelle qui s'étend de la Turquie aux pays turcophones d'Asie centrale. Et, afin de désenclaver le domaine qui est le nôtre, la collection de poche d'Actes Sud, "Babel", puisera désormais dans le fonds de Sindbad, intégrant aussi bien Naguib Mahfouz et Mohammed Dib que Tabarî ou *Les Cent et Une Nuits*.

Ce travail d'intermédiaire entre les cultures, nous l'entreprenons avec beaucoup d'enthousiasme. Parce qu'il nous paraît plus nécessaire que jamais, maintenant que s'affirment, d'un côté comme de l'autre de la Méditerranée, des tendances au repli et à l'exclusion. Parce que, sur un autre plan, nous reprenons à notre compte cette devise de Pierre Bernard, empruntée à Mallarmé : "Le monde est fait pour aboutir à un beau livre."

FAROUK MARDAM-BEY

TABLE DES TITRES

Abrégé des merveilles (L')	15
Accord de la religion et de la philosophie (L')	37
Afrique arabe, Afrique noire	31
Age d'or des Abbasides (L')	39, 45
A l'est de la Méditerranée	24
Algérie algérienne de Napoléon III à de Gaulle (L')	29
Amour, l'amant, l'aimé (L')	41
Amour poème (L')	18, 45
Andalousies	31
Anthologie du soufisme	40
Arabes (Les)	31
Art de l'islam (L')	35
Au café	20
Au mercure des nuits	47
Authentique tradition musulmane (L')	43
Ballades	41
Bandarchâh	25
Bas-Fonds du Caire (Les)	16
Bibliographie de la culture arabe contemporaine	26
Cadi et la Mouche (Le)	18
Casbah d'Alger, et le site créa la ville (La)	29
Cent et Une Nuits (Les)	15
Ce que la culture doit aux Arabes d'Espagne	45
Chant de l'ardent désir (Le)	37
Chants de Mihyar le Damascène	19
Chants religieux du Djurdjura	38
Chemin de Dieu	34
Chemins de l'indépendance (Les)	47
Chevauchée des fils d'Ismaïl (La)	16

Chronique (La)	45
Chroniques arabes des croisades	30
Cité inique (La)	36
Clefs de la guerre (les)	31
Construire avec le peuple	27
Construire avec le peuple, annexes	27
Contre-Orients ou Comment penser l'autre selon soi (Les)	31
Coran (Le)	33
Cris du cœur	34
De la chasse	18
De la Création à David	40, 45
De l'amour et des amants	17
De l'Euphrate à l'Atlas	26
De Salomon à la chute des Sassanides	40, 45
Désert sans détour (Le)	21
Des hommes dans le soleil	22, 44
Dictionnaire des nouveaux cinémas arabes	26
Discours sur l'histoire universelle (Al-Muqaddima)	17
Divination arabe (La)	27
Dîwân	17
Dix Grandes Odes arabes de l'Anté-Islam (Les)	16
Dix traités d'alchimie	38
Du désert d'Arabie aux jardins d'Espagne	16
Dynasties musulmanes (Les)	34
Ecrivains de Tunisie	20
Ecrivains marocains (du Protectorat à 1965)	21
Egypte des ruptures (L')	46
El-Euldj, captif des barbaresques	44
Enfances de Baïbars (Les)	15
Enseignement spirituel	38
Epreuve de l'arc (L')	25
Errance et l'Itinéraire (L')	28
Espaces et moments	26
Etendard interdit	20
Etoile d'août	22
Femmes en islam	47
Fils de la médina (Les)	24
Fleur des truands	16
Golfe et le Fleuve (Le)	25
Grandes villes arabes à l'époque ottomane	29
Guide du médecin nomade	39
Histoire et destinée	39
Histoire et nature	26
Illuminations de La Mecque (Les)	37
Introduction à la poétique arabe	26
Iran insurgé (L')	46

Islam au temps du monde (L')	34
Jour de l'assassinat du leader (Le)	23
La beauté est le gibier des cœurs	19
Langage des oiseaux (Le)	43
Lecture de l'espace oasien	28
Livre des rois (Le)	41
Livre des sept vizirs (Le)	42
Livre du Dedans (Le)	45
Lutteur de classe à la manière taoïste (Le)	23
Mahfouz par Mahfouz	24
Maison de chair	22
Maître et disciple	42
Majnûn et Laylâ : l'amour fou	28
Maghreb et Palestine	29
Marche (La)	46
Maroc à la recherche d'une révolution (Le)	47
Maroc politique (Le)	32
Mesures du vent	20
Métaphysique en Perse (La)	38
Meurtre au hammam	16
Miroir (Le)	30
Mœurs et coutumes de l'Algérie	29
Mohammed, sceau des prophètes	39, 45
Moi, poète et femme d'Arabie	18
Musique classique du Maghreb (La)	27
M'zab, une leçon d'architecture (Le)	28
Neiges de marbre	21
Œuvre en fragments (L')	23
Ombre gardienne	20
Omayyades (Les)	39, 45
Or de Paris (L')	18
O vive	21
Panorama de la pensée islamique	35, 44
Parole arabe (La)	26
Passage des miracles	23
Pensée vigile (La)	36
Peuples et nations du monde	17
Phantasia	24
Poèmes d'amour des sept portails du monde	20
Poèmes mystiques	36
Politique arabe de la France de de Gaulle à Pompidou (La)	30
Pour une typographie arabe	27
Profession de foi (La)	44
Prophète (Le)	21
Prophètes et les Rois (Les)	40
Quatrains / Ballades	41

Quatre Premiers Califes (Les)	39, 45
Récits de notre quartier	23
Rempart des pucelles	16
Revanche du maître des ruses (La)	16
Rêveurs / Sépultures	19
Rivages et déserts : Hommage à Jacques Berque	47
Roman de Baïbars	15
Roseraie du mystère (La)	42
Saison de la migration vers le nord	25
Sciences et savoir en islam	45
Séances (Les)	28
Sept contes des Mille et Une Nuits	28
Septembre noir	47
Singuliers	19
Sirène (La)	22
Sociologie religieuse de l'islam	35
Somme spirituelle	36
Sommeil d'Eve (Le)	21
Songe et mensonge de Lawrence	30
Soufis d'Andalousie (Les)	36
Stratégie de Boumediène (La)	32
Sultan Galiev ou la Rupture des stocks	25
Talismano	24
Temps et prières	35
Terrasses d'Orsol (Les)	20
Territoires d'islam	27
Textes de la révolution palestinienne	32
Tombeau pour New York	19
Tradition et révolution : L'enjeu de la modernité en Algérie et dans l'islam	38
Trahison des émirs (La)	16
Traité de gouvernement	41
Traité de soufisme : les maîtres et les étapes	38
Tunis et Alger au XVIIIe siècle	30
Ulémas, fondateurs, insurgés du Maghreb	26
Une pensée anticoloniale / Positions 1914-1979	46
Vie merveilleuse de Dhû-l-Nûn, l'Egyptien (La)	37
Vies des saints musulmans	35, 44
Vieux de la montagne (Le)	25
Vin, le vent, la vie (Le)	43
Vision nassérienne (La)	31
Voie et la Loi ou le Maître et le Juriste (La)	37
Voix ailée (La)	22
Voleur et les Chiens (Le)	23
Voyage chez les Bulgares de la Volga	16
Voyage d'Occident et d'Orient (Le)	17

TABLE DES AUTEURS

ABÛ NUWÂS	43
ADONIS	19, 26
AGERON (Charles-Robert)	29
ALLOULA (Malek)	19
ANSÂRÎ	34
ATTAR	43
AVERROÈS (voir Ibn Rochd)	
BACCAR (Tawfik)	20
BALTA (Paul)	30, 31, 32, 46
BAYATI (Abdelwahab)	20
BELKHEIR (Mohammed)	20
BERQUE (Jacques)	26, 31, 34
BOKHARI (el-)	43
BOSWORTH (Clifford Edmund)	34
BOUAMRANE (Chikh)	35, 44
BOUZID	46
BURCKHARDT (Titus)	35
CHAGNOLLAUD (Jean-Paul)	29
CHARNAY (Jean-Paul)	31, 35
CHELLY (Moncef)	26
CLUNY (Claude Michel)	26
DAUMAS (Eugène)	29
DERMENGHEM (Emile)	35, 44
DIB (Mohammed)	20, 21
FAHD (Toufic)	27
FATHY (Hassan)	27
FERDOWSI	41
GABRIELI (Francesco)	30
GARDET (Louis)	35, 44
GARMADI (Salah)	20
GHAZÂLÎ	35
GHITANY (Gamal)	24
GIBRAN (Khalil)	21, 22
GUETTAT (Mahmoud)	27
HÂFEZ SHIRÂZI	41
HALLÂJ	36
HAMM (Roberto)	27
HUJWIRÎ	36
HUSSEIN (Kamel)	36
IBN AL-JAWZÎ	36
IBN 'ARABÎ	36, 37, 44
IBN FADLÂN	16
IBN HAZM	17
IBN JANDAL	17
IBN KHALDÛN	17, 37
IBN MANGLI	18
IBN ROCHD (AVERROÈS)	37
IBRAHIM (Sonallah)	22
IDRIS (Youssef)	22
IQBAL (Mohammed)	38
JÂBIR IBN HAYYÂN	38
JÂHIZ	18
JULIEN (Charles-André)	46
JUNAYD	38

KALÂBÂDHÎ	38
KAMAL-EDDINE (Mourad)	47
KANAFANI (Ghassan)	22, 44
KATEB YACINE	23
KHADER (Bichara)	32
KHADER (Naïm)	32
KHAYYÂM (Omar)	41
KEMP (Percy)	27, 28
KHANSÂ	18
KHATIBI (Abdelkebir)	23
KHODJA (Chukri)	44
KHODJA (Hamdan)	30
KILITO (Abdelfattah)	28
LACHERAF (Mostefa)	29
LAHÎJÎ	42
MADELAIN (Jacques)	28
MAHFOUZ (Naguib)	23
MAJNÛN	18, 45
MALEK (Rédha)	38
MAROUF (Nadir)	28
MEDDEB (Abdelwahab)	24
MIQUEL (André)	28, 47
MIREL (Pierre)	46
MOUNIF (Abdul Rahman)	24
MOUSSA (Suleiman)	30
MURY (Gilbert)	47
NACIB (Youssef)	38
NASR (Seyyed Hossein)	45
NIZAM AL-MULK	41

OULD MOUSSA (Belkacem)	47
PALAZZOLI (Claude)	32
RAVÉREAU (André)	28, 29
RAYMOND (André)	29
RÂZÎ	39
ROSSI (Pierre)	31
RULLEAU (Claudine)	30, 31, 32, 46
RÛMÎ	45
SALIH (Tayeb)	25
SAYYÂB (Badr Châker as-)	25
SHABESTARI	42
SHARIATI (Ali)	39
SULTÂN VALAD	42
TABARÎ	39, 40, 45
TAHTÂWÎ	18
TENGOUR (Habib)	25
THA'ÂLÎBÎ	19
TOYNBEE (Arnold)	31
VENTURE DE PARADIS	30
VERNET (Juan)	45
VITRAY-MEYEROVITCH (Eva de)	40
WALTHER (Wiebke)	47
ZAHIRI DE SAMARKAND	42

TABLE DES TRADUCTEURS ET PRÉFACIERS

ADWANE (Kamal)	47
ARAGON	20
ARNALDEZ (Roger)	36
ARNAUD (Jacqueline)	23
AUSTIN (R. W. J.)	36
BACCAR (Tawfik)	20
BARBULESCO (Luc)	22
BERNARD (Pierre)	27
BERQUE (Jacques) 16, 19, 20, 24, 26, 33, 39	
BESSAÏH (Boualem)	26
BOGDANOVIC (Dejan)	42
BOHAS (Georges)	15
BOUMEDIÈNE (Anissa)	18
BOUSQUET (Georges-Henri)	43
BUSHRUI (Suheil)	22
CANARD (Marius)	16
CARDINAL (Philippe)	22
CARRA DE VAUX	15
CHEDDADI (Abdesselam)	17
CHITTICK (W. C.)	37
CHODKIEWICZ (C.)	37
CHODKIEWICZ (M.)	37
COTTIN (Antoine)	23
CUOQ (Joseph)	30
CUPERLY (Pierre)	35

DELADRIÈRE (Roger) 37, 38, 44	
DIONNOT (Jean-François)	20
DJEGHLOUL (Abdelkader) ... 29, 30, 44	
FATHY (Hassan)	28
FOURCADE (Jean-François)	22
GARCIN DE TASSY	43
GARMADI (Salah)	20
GAUTHIER (Léon)	37
GHATTAS-KARAM (Antoine)	21
GODEFROY-DEMOMBYNES (M.) ...	15
GRIL (D.)	37
GROSJEAN (Jean)	36
GUILLAUME (Jean-Patrick) 15, 24	
GUILLEVIC	19
GUINHUT (Jean-Paul)	45
HAFFAR AL-KOUZBARI (S.)	22
HAMED (F.)	39
HOUSSEMAINE (Hélène)	30
HUART (Clément)	17
JIHAD (Kadhim)	24
KABLY (Mohammed)	21
KHATIBI (Abdelkebir)	21
KORNEL (Yana)	27
LAUGIER DE BEAURECUEIL (S. de) ...	34
LAZARD (Gilbert)	41

LECONTE (Gérard)	36	REIG (Daniel)	36
LORY (Pierre)	38	ROUX (Jean-Paul)	41
LOUCA (Anouar)	18	SAMI-ALI	36, 37
MALÉFANT (Madeleine)	47	SCHEFER (Charles)	41
MARTINEZ-GROS (Gabriel)	17, 45	SEURAT (Michel)	22, 44
MEDDEB (Abdelwahab)	25	SOUAMI (Lakhdar)	18
MILLIEZ (Paul)	39	TADJVIDI (Akbar)	41
MIQUEL (André)	15, 16, 18, 23, 25, 27, 45	TAHHAN (Bassam)	26
		THORAVAL (Yves)	31, 34
MOHL (Jules)	41	TOUIMI (M. B.)	21
MONTEIL (Vincent Mansour)	17, 30, 41, 43	VIRÉ (FRANÇOIS)	18
MORRIS (J. W.)	37	VITRAY-MEYEROVITCH (Eva de)	38, 42, 45
MORTAZAVI (Djamchid)	36, 42		
MOUBACHIR (El-Arbi)	39	WADE MINKOWSKI (Anne)	19, 22, 25, 26
NACIB (Youssef)	38		
NOUN (Fady)	25	YAVARI-d'HELLENCOURT (N.)	39
OSMAN (Khaled)	23, 24	ZOTENBERG (Herman)	39, 40, 45
PÂQUES (Viviana)	30		
PEREZ (René)	37		
PETIT (Odette)	19		

LA BIBLIOTHÈQUE ARABE

Les Classiques
sous la direction d'André Miquel

ANONYME
L'ABRÉGÉ DES MERVEILLES
Traduit de l'arabe et présenté par Carra de Vaux. Préface d'André Miquel.
Les secrets de la nature et de ses créatures, les traditions des rois, les merveilles de toutes les contrées, les instruments magiques, les talismans, les temples, les lois... Ou la splendeur de l'imaginaire dans le monde musulman au Xe siècle.

1984 / 14 x 22,5 / 376 pages / 170 FF   ISBN 2-7274-0095-0 / code UD : F7 3244

ANONYME
LES CENT ET UNE NUITS
Traduit de l'arabe par Maurice Godefroy-Demombynes.
La quintessence de l'art du conte : récits venus de l'Inde ou de la Perse, histoires de voyageurs audacieux où le merveilleux se mêle à la réalité, aventures épiques et amoureuses où les héros courent de victoires en conquêtes. Un enchevêtrement fabuleux pour l'enchantement du lecteur. D'après la tradition orale maghrébine.

1982 / 14 x 22,5 / 324 pages / 150 FF   ISBN 2-7274-0076-4 / code UD : F7 3245

ANONYME
ROMAN DE BAÏBARS
Traduit de l'arabe par Georges Bohas et Jean-Patrick Guillaume.
Du "feuilleton éditorial le plus insensé de cette fin de siècle" *(Le Monde)*, sept volumes sont parus. Ils racontent avec truculence les innombrables rebondissements de l'ascension de Baïbars, sultan mamelouk qui régna sur Le Caire et Damas au XIIIe siècle. Si la trame est historique, les événements délirants qui se succèdent ne le sont pas exactement...
Chaque volume s'ouvre sur une présentation et un résumé des volumes précédents. Comme dans tout bon feuilleton, chaque épisode peut se lire séparément mais il est recommandé de suivre la série. A suivre...
Les Enfances de Baïbars
1985 / 14 x 22,5 / 320 pages / 140 FF   ISBN 2-7274-0175-2 / code UD : F7 3246

Fleur des truands
1986 / 14 x 22,5 / 304 pages / 150 FF   ISBN 2-7274-0122-1 / code UD : F7 3247

Les Bas-Fonds du Caire
1986 / 14 x 22,5 / 368 pages / 150 FF   ISBN 2-7274-0133-7 / code UD : F7 3248

La Chevauchée des fils d'Ismaïl
1987 / 14 x 22,5 / 312 pages / 150 FF   ISBN 2-7274-0143-4 / code UD : F7 3249

La Trahison des émirs
1989 / 14 x 22,5 / 308 pages / 150 FF   ISBN 2-7274-0153-1 / code UD : F7 3250

Meurtre au hammam
1990 / 14 x 22,5 / 288 pages / 150 FF   ISBN 2-7274-0187-6 / code UD : F7 3251

Rempart des Pucelles
1992 / 14 x 22,5 / 312 pages / 150 FF   ISBN 2-7274-0207-4 / code UD : F7 3252

La Revanche du Maître des Ruses
1996 / 14 x 22,5 / 240 pages / 148 FF   ISBN 2-7427-0718-2 / code UD : F7 3633

LES DIX GRANDES ODES ARABES DE L'ANTÉ-ISLAM
Les *Mu'allaqât* traduits de l'arabe et présentés par Jacques Berque ; gravure de Brahim Dahak.
"Que nous importe en définitive que ce soit un poète chamelier du VIe siècle ou un lettré de Bassora ou de Coufa qui nous ait dit la joie haletante du voleur d'amour ; ou la métamorphose des palanquinières en silhouettes d'arbres ou de roches quand elles s'effacent aux tournants de la vallée ; ou la course onduleuse au désert, et le mirage qui tressaute sur les cailloutis brûlants ? Dans une hypothèse comme dans l'autre, une grande voix aura retenti."

1979 / 14 X 22,5 / 184 pages   *épuisé*

LES DIX GRANDES ODES ARABES DE L'ANTÉ-ISLAM
Une nouvelle traduction des *Mu'allaqât* par Jacques Berque.

1996 / 14 x 22,5 / 104 pages / 80 FF   ISBN 2-7274-3493-6 / code UD : F7 3493

DU DÉSERT D'ARABIE AUX JARDINS D'ESPAGNE
Vingt-cinq poèmes choisis, traduits de l'arabe et commentés par André Miquel.
"J'ai voulu, d'un côté, proposer ce qu'il est convenu d'appeler de beaux, de grands textes. Mais j'ai voulu aussi préserver une histoire, depuis l'Arabie du désert prémusulman jusqu'à la nouvelle civilisation née des conquêtes... J'ai voulu, enfin, donner un aperçu des grands thèmes, éternels à vrai dire, abordés par cette poésie : l'amour, la mort, la nature, l'art de vivre, la mystique... Les poètes retenus appartiennent, selon le jugement des Arabes, à la cohorte des plus grands." André Miquel

1992 / 14 x 22,5 / 304 pages / 160 FF   ISBN 2-7274-0200-7 / code UD : F7 3359

IBN FADLÂN
VOYAGE CHEZ LES BULGARES DE LA VOLGA
Traduit de l'arabe et présenté par Marius Canard. Liminaire d'André Miquel.
Il y a mille ans, une ambassade quittait Bagdad pour remonter chez les Bulgares installés au confluent de la Volga et de la Kama. Le rapporteur de la mission en a laissé une relation de voyage merveilleuse parce qu'émerveillée : du soleil de minuit aux coutumes des peuples rencontrés en passant par les funérailles grandioses et terribles d'un Russe noble, Eros et Thanatos réunis.

1988 / 14 x 22,5 / 136 pages / 90 FF   ISBN 2-7274-0158-2 / code UD : F7 3253

IBN HAZM
DE L'AMOUR ET DES AMANTS
Traduit de l'arabe par Gabriel Martinez-Gros.
L'amour est une *fitna*, une sédition, une guerre civile. Aimer, c'est choisir, contre tous les autres, un seul qu'on en distingue et qui vous en distingue par l'amour même qu'on lui porte. C'est donner un sens singulier aux gestes, aux signes, aux mots. Car l'amant est un étranger au pays du partage, un barbare travesti dans la cité, hostile à ses lois, à ses usages. Et quelle force, sinon l'amour, serait en mesure de tisser dans la mémoire des liens qui uniraient les hommes, après avoir su rompre ceux du quotidien ? Dans ce traité sur l'amour, l'auteur est dans tous les rôles, esthète et ascète, naïf et roué, enfant et vieillard.
Ibn Hazm (994-1064), somptueux représentant du génie de l'Andalousie, consacra sa vie tout entière au savoir et à l'écriture. Il laissa une œuvre immense de théologien, d'historien et d'essayiste.

1992 / 14 x 22,5 / 264 pages / 140 FF   ISBN 2-7274-0210-4 / code UD : F7 3358

IBN JANDAL
DÎWÂN
Traduit de l'arabe et annoté par Clément Huart.
C'est l'honneur, l'amour, l'héroïsme, le désert que chantent toujours pour nous les vers de Salama Ibn Jandal, fils de haute tente, guerrier et poète, l'un des plus célèbres de l'Anté-Islam.

1983 / 14 x 22,5 / 56 pages / 60 FF   ISBN 2-7274-0090-X / code UD : F7 3254

IBN KHALDÛN
DISCOURS SUR L'HISTOIRE UNIVERSELLE
AL-MUQADDIMA
Traduit de l'arabe et présenté par Vincent Mansour Monteil.
L'œuvre maîtresse de l'historien du XIVe siècle, précurseur de la sociologie et de la philosophie de l'histoire. "Nous tenons avec ce génie le créateur de la philosophie de l'histoire en langue arabe." Gaston Wiet

Trois volumes totalisant 1440 pages, avec cartes, notes, index.
    vol. 1 / 1967-1968 / 14 x 22,5
    vol. 2 / 1967-1968 / 14 x 22,5
    vol. 3 / 1967-1968 / 14 x 22,5
Les trois vol. 1967-1968 / 14 x 22,5 / 350 FF   ISBN 2-7274-0031-4 / code UD : F7 3340

IBN KHALDÛN
LE VOYAGE D'OCCIDENT ET D'ORIENT
Traduit de l'arabe, présenté et annoté par Abdesselam Cheddadi.
Autobiographie de l'auteur du *Discours sur l'histoire universelle*. Vie, voyages, observation des personnages ne font qu'un ici, ce qui nous vaut, entre autres, un étonnant dialogue avec le conquérant Tamerlan aux portes de Damas.

Première édition 1980   *épuisée*
Troisième édition 1995 / 14 x 22,5 / 336 pages / 158 FF   ISBN 2-7274-3497-9 / code UD : F7 3497

IBN KHALDÛN
PEUPLES ET NATIONS DU MONDE
Choix, traduction de l'arabe, présentation et annotation d'Abdesselam Cheddadi.
Le *Kitâb al-'Ibar (Le Livre des Exemples)* du grand historien arabe du XIVe siècle prolonge et détermine la vision que les musulmans avaient du destin des peuples et des nations.

Les extraits choisis ici sont centrés autour des Arabes du Machrek, d'une part, et des Arabes et des Berbères du Maghreb d'autre part (le mode de vie, la généalogie, les marques distinctives, le territoire, les grandes lignes d'évolution).

Première édition 1986 *épuisée*
Deuxième édition 1995
    vol. 1 / 14 x 22,5 / 150 FF   ISBN 2-7274-3495-2 / code UD : F7 3495
    vol. 2 / 14 x 22,5 / 165 FF   ISBN 2-7274-3496-0 / code UD : F7 3496
2 volumes / 14 x 22,5 / 664 pages / 315 FF   ISBN 2-7274-3499-5 / code UD : F7 3499

IBN MANGLI
DE LA CHASSE
Traduit de l'arabe, annoté et présenté par François Viré.
Comment chassait-on au XIVe siècle dans le monde musulman ? Quel gibier ? Avec quelles armes et quels chiens ? Comment se protégeait-on des bêtes féroces ? Quelles étaient les règles de conduite du chasseur ? Un traité de cynégétique passionnant pour tous ceux qu'intéresse l'histoire de la chasse.

1984 / 14 x 22,5 / 312 pages / 170 FF   ISBN 2-7274-0104-3 / code UD : F7 3256

JÂHIZ
LE CADI ET LA MOUCHE
Extraits choisis, traduits de l'arabe et annotés par Lakhdar Souami.
Anthologie du *Livre des animaux*, monumental ouvrage, reflet des intérêts multiples de l'auteur : Dieu et ses créatures, le système du monde, le langage, les civilisations, l'écriture et le livre – auquel il rend un hommage que tout contemporain pourrait reprendre à son compte –, la sexualité et la nourriture, etc. Une encyclopédie de l'honnête homme du IXe siècle.

1988 / 14 x 22,5 / 440 pages / 180 FF   ISBN 2-7274-0151-5 / code UD : F7 3257

KHANSÂ
MOI, POÈTE ET FEMME D'ARABIE
Traduit de l'arabe, présenté et annoté par Anissa Boumediène.
Née sans doute dans le dernier quart du VIe siècle, femme, belle et poète, al-Khansâ suscita l'admiration non seulement de ses contemporains mais encore des poètes ultérieurs. Son recueil est traduit et présenté, quatorze siècles plus tard, par une autre femme, également poète, spécialiste de la littérature arabe classique.

1987 / 14 x 22,5 / 272 pages / 140 FF   ISBN 2-7274-0142-6 / code UD : F7 3258

MAJNÛN
L'AMOUR POÈME
Poèmes choisis, traduits de l'arabe et présentés par André Miquel.
Qays, amoureux de Laylâ, est né, pour leur malheur à tous deux, poète. Il décide de la chanter et, ce faisant, la perd. Il perdra aussi la raison et restera à tout jamais dans la mémoire des hommes Majnûn, le fou de Laylâ.

Première édition 1984 *épuisée*
(voir aussi "Petite Bibliothèque Sindbad")

TAHTÂWÎ
L'OR DE PARIS
Traduit de l'arabe, annoté et présenté par Anouar Louca.
Pour une fois, les Européens sont vus par les yeux de l'autre. Tahtâwî, envoyé par le pacha d'Egypte, passe cinq ans en France, de 1826 à 1831. Il apprend le français, lit, écoute,

observe et rédige son "bloc-notes" : à la fois un guide pour voyageur et un traité sur Paris.
Et les enseignements parfois étonnants de la civilisation occidentale.

1988 / 14 x 22,5 / 344 pages / 180 FF   ISBN 2-7274-0156-6 / code UD : F7 3260

THA'ÂLÎBÎ
LA BEAUTÉ EST LE GIBIER DES CŒURS
Traduit de l'arabe et annoté par Odette Petit.
Un recueil de sentences, maximes et aphorismes qui allient densité de la pensée et force de la concision : au XIe siècle, le miroir de ce que les hommes ont produit de meilleur en ce domaine. Dits du prophète et pensées d'éminents personnages : rois, vizirs, érudits, sages, savants, ascètes, beaux esprits et poètes.

1987 / 14 x 22,5 / 168 pages / 110 FF   ISBN 2-7274-0145-0 / code UD : F7 3261

Les Littératures contemporaines

ADONIS
CHANTS DE MIHYAR LE DAMASCÈNE
Traduit de l'arabe par Anne Wade Minkowski. Précédé de "L'Espace d'Adonis" par Guillevic.
L'art d'Adonis est fusion d'une double lignée. Celle des grands inspirés de la modernité occidentale et celle de l'héritage arabe, énigmatiques paroles d'extase ou de frayeur. Le poème est témoin du feu intérieur.

Première édition 1983   *épuisée*
Deuxième édition 1995 / 14 x 22,5 / 224 pages / 140 FF   ISBN 2-7274-3498-7 / code UD : F7 3498

ADONIS
TOMBEAU POUR NEW YORK
Traduit de l'arabe par Anne Wade Minkowski.
Poèmes. Alternant psaumes au souffle puissant et courts poèmes en demi-teinte, le poète désigne la décadence moderne, la tyrannie et l'incapacité du renouveau.

1986 / 14 x 22,5 / 80 pages / 100 FF   ISBN 2-7274-0127-2 / code UD : F7 3263

ADONIS
SINGULIERS
Poème traduit de l'arabe par Jacques Berque.
Ce vaste poème autobiographique, paru en 1977, est le troisième moment, après *Chants de Mihyar le Damascène* (1960) et *Voici est mon nom* (1969), du grand projet d'Adonis : fonder une nouvelle écriture poétique arabe. Ici, le poète met en scène, avec profusion de moyens, son rapport à la terre natale, à la femme et à la langue.

1995 / 14 x 22,5 / 192 pages / 118 FF   ISBN 2-7274-3494-4 / code UD : F 7 3494

Malek ALLOULA
RÊVEURS / SÉPULTURE
Poèmes.

1982 / 14 x 22,5 / 104 pages   *épuisé*

MESURES DU VENT
Poèmes.
"Ces poèmes à lire et à relire lentement sont l'écho le plus impitoyable, le plus méticuleux de la grande violence que l'histoire a réservé aux peuples dépossédés." Tahar Ben Jelloun
1984 / 14 x 22,5 / 92 pages *épuisé*

Tawfik BACCAR et Salah GARMADI
ÉCRIVAINS DE TUNISIE
Une anthologie où sont amplement présentés et traduits de l'arabe des prosateurs et des poètes généralement peu connus des lecteurs francophones.
1981 / 14 x 22,5 / 232 pages *épuisé*

Abdelwahab BAYATI
POÈMES D'AMOUR DES SEPT PORTAILS DU MONDE
Poèmes traduits de l'arabe par Jean-François Dionnot.
Bayati est l'un des pionniers de la poésie arabe moderne.
1981 / 14 x 22,5 / 80 pages *épuisé*

Mohammed BELKHEIR
ÉTENDARD INTERDIT
Poèmes recueillis, présentés et traduits par Boualem Bessaïh.
Préface de Jacques Berque. Edition bilingue français-arabe ornée de gravures du XIXe siècle.
1976 / 14 x 22,5 / 168 pages *épuisé*

Mohammed DIB
AU CAFÉ
Nouvelles.
Un homme simple, chômeur, dans un café... Des paysans pauvres et de futures élections... Une vieille femme qui voit s'ouvrir les portes du Paradis... Portraits et vies de petites gens d'Algérie qui peuvent être de tous les temps et de tous les pays.
1984 / 14 x 22,5 / 136 pages / 90 FF   ISBN 2-7274-0094-2 / code UD : F7 3268

Mohammed DIB
OMBRE GARDIENNE
Poèmes. Nouvelle édition augmentée d'inédits. Préface d'Aragon.
"Comme il est étrange que le parler de Pascal et de Valmore se forme à ces lèvres d'outre-mer, de même est étrange que pour ces yeux, couleur des raisins du reproche, le paysage de l'exil soudain soit celui qui, pour moi familier, naturellement, se marie à l'alexandrin." Aragon
1984 / 14 x 22,5 / 80 pages / 80 FF   ISBN 2-7274-0093-4 / code UD : F7 3266

Mohammed DIB
LES TERRASSES D'ORSOL
Roman.
A la dernière page de ce roman, le héros a tout oublié. D'abord son nom. Il a oublié aussi pourquoi son gouvernement l'a envoyé en mission à l'étranger, et le secret qu'il a surpris dans l'opulente ville où il réside, et la femme qu'il y a rencontrée et aimée. Qu'est-il arrivé à cet homme à travers le récit duquel court, lancinant et sous-jacent, le thème de l'exil ?
Première édition 1985 *épuisée*
Deuxième édition 1990 / 14 x 22,5 / 216 pages / 110 FF   ISBN 2-7274-0191-4 / code UD : F7 3269

Mohammed DIB
O VIVE
Poèmes.
Ce cinquième recueil de poèmes atteint "cette limite où la parole tremble au bord du silence. Ce n'est pas sécheresse mais pureté... Peu de mots qu'il faut prendre le temps d'égrener, de redire si l'on est prêt à jouer la méditation contre l'impatience." Claude Michel Cluny
1987 / 14 x 22,5 / 136 pages / 100 FF   ISBN 2-7274-0141-8 / code UD : F7 3267

Mohammed DIB
LE SOMMEIL D'ÈVE
Roman.
"Dib est, au sommet de son art, un magicien du verbe qui nous fait traverser le miroir, regarder en face le loup qui est en nous, si c'est un loup que nous dissimulons sous une pelisse de mouton... Superbe image pour une non moins superbe éthique de l'amour, vecteur de liberté et non de possession." Philip Tirard (*Le Vif/L'Express*)
1989 / 14 x 22,5 / 232 pages / 110 FF   ISBN 2-7274-0164-7 / code UD : F7 3270

Mohammed DIB
NEIGES DE MARBRE
Roman.
Un homme du Sud, une femme du Nord et, entre eux, les forêts, les ciels, les neiges de sa contrée à elle. Septentrionale. Entre eux surtout, leur enfant, la petite Lyyl. Ou comment un père se fait voler sa fille, l'affection de celle-ci, et devient doublement étranger à elle. L'enracinement puis l'arrachement, dans cette histoire d'un couple séparé – mixte – que l'auteur retrace d'une écriture superbe, émouvante et pudique.
1990 / 14 x 22,5 / 224 pages / 110 FF   ISBN 2-7274-0192-2 / code UD : F7 3271

Mohammed DIB
LE DÉSERT SANS DÉTOUR
Roman.
Où l'on voit une guerre terminée dans les sables et deux hommes aller à travers ces sables : l'un, le potentat Hagg-Bar, pour s'être souvenu que son premier foyer a été une tente dans le désert ; et l'autre, Siklist, pour avoir voulu le suivre. Un bivouac est sujet à déplacements, le désert est un lieu de mirages.
Film d'un retour impossible, cette histoire est aussi le film d'une errance ouverte à toutes les dispersions.
1992 / 14 x 22,5 / 148 pages / 110 FF   ISBN 2-7274-0208-2 / code UD : F7 3360

ÉCRIVAINS MAROCAINS
DU PROTECTORAT A 1965
Choix, traduction de l'arabe et présentation par Mohammed Benjelloun Touimi, Abdelkebir Khatibi et Mohammed Kably.
Anthologie des écrivains de langue arabe, du début du Protectorat aux lendemains de l'indépendance.
1974 / 14 x 22,5 / 152 pages   *épuisé*

Khalil GIBRAN
LE PROPHÈTE
Traduit de l'anglais par Antoine Ghattas-Karam.
Al-Mustafa, le personnage de Gibran, inspiré par le Zarathoustra de Nietzsche, s'adresse aux humains avec des images empruntées à la Nature. Imitant la simplicité du verset

biblique, il popularise un syncrétisme nourri dans le christianisme, le soufisme et le bouddhisme, et gagne l'universalité en proposant une méditation philosophique sans pesanteur logique.

Le Prophète est une œuvre mondialement célèbre qui a été publiée à des millions d'exemplaires dans plusieurs langues.

Première édition 1982 *épuisée*
Deuxième édition 1991 / 14 x 22,5 / 114 pages / 80 FF   ISBN 2-7274-0201-5 / code UD : F7 3362

Khalil GIBRAN
LA VOIX AILÉE
Traduit de l'arabe par Salma Haffar Al-Kouzbari et Suheil B. Bushrui.
Les lettres de Gibran à May Ziyada, figure de proue de la littérature féminine arabe entre les deux guerres : il était aux Etats-Unis, elle était en Egypte. Ils ne se sont jamais rencontrés.

1982 / 14 x 22,5 / 104 pages   *épuisé*

Sonallah IBRAHIM
ÉTOILE D'AOÛT
Roman traduit de l'arabe par Jean-François Fourcade.
A l'époque glorieuse de la construction du Haut-Barrage, le narrateur prend le train du Caire pour Assouan. Il procède par pans pour montrer la démesure de l'entreprise dans une atmosphère oppressante. "Un exceptionnel roman, celui qu'on conseillerait d'emblée au lecteur français." Philippe Gardénal *(Libération)*

1987 / 14 x 22,5 / 312 pages / 135 FF   ISBN 2-7274-0141-8 / code UD : F7 3272

Youssef IDRIS
LA SIRÈNE
Nouvelles traduites de l'arabe par Luc Barbulesco et Philippe Cardinal.
"Idris est certainement l'écrivain égyptien actuel le plus susceptible, par sa concision, ses qualités d'introspection capables de traquer l'angoisse au fond de chacun, son exploration – souvent jugée osée en Orient – de la sexualité de ses personnages, de toucher le lecteur occidental. Ces nouvelles *coup de poing* méritent qu'on les découvre !" Yves Thoraval *(Europe)*

1986 / 14 x 22,5 / 224 pages / 100 FF   ISBN 2-7274-0137-X / code UD : F7 3273

Youssef IDRIS
MAISON DE CHAIR
Nouvelles traduites de l'arabe par Anne Wade Minkowski.
L'auteur dans cette dizaine de récits écrits entre 1953 et 1973 nous conte des histoires d'honneur, d'amour et de destin, tragiques ou cocasses, dans une société bancale entre tradition et modernité.

1986 / 14 x22,5 / 172 pages / 100 FF   ISBN 2-7274-0185-X / code UD : F7 3274

Ghassan KANAFANI
DES HOMMES DANS LE SOLEIL
Nouvelles traduites de l'arabe et présentées par Michel Seurat.
Tout le drame de la Palestine et de ses habitants dans ces trois nouvelles d'un des écrivains arabes les plus novateurs. Son assassinat en 1972 n'a pas mis fin au retentissement de son œuvre, pas plus que celui de son traducteur n'a mis fin au souvenir de Michel Seurat.

Première édition 1977   *épuisé*
(voir aussi "Petite Bibliothèque Sindbad")

KATEB YACINE
L'ŒUVRE EN FRAGMENTS
(Grand Prix national des Lettres en 1986)
Poèmes, textes narratifs, théâtre. Textes retrouvés et présentés par Jacqueline Arnaud.
"Il n'avait cure de l'œuvre. Il en a égaré des pans entiers, au gré des gares, des logements de fortune, des poches trouées. Il a fallu tout l'amour de Jacqueline Arnaud, elle aussi prématurément disparue, pour rassembler ces inédits qu'elle a miraculeusement sauvés."
Jean-Pierre Leonardini *(L'Humanité)*

Première édition 1986 *épuisée*
Deuxième édition 1989 / 14 x 22,5 / 448 pages / 150 FF ISBN 2-7274-0180-9 / code UD : F7 3275

Abdelkebir KHATIBI
LE LUTTEUR DE CLASSE A LA MANIÈRE TAOÏSTE
Poème.
"Il oppose le sentiment de sa différence, l'esprit d'ironie, la danse et le rire à la lourdeur des idéologies qui veulent imposer, sur terre, la dictature de l'identité." François Bott *(Le Monde)*

1976 / 14 x 22,5 / 80 pages *épuisé*

Naguib MAHFOUZ
PASSAGE DES MIRACLES
Prix Nobel de Littérature 1988
Roman traduit de l'arabe par Antoine Cottin.
C'est à l'heure de la Seconde Guerre mondiale, sur fond d'occupation anglaise, la vie du petit peuple du Caire : la marieuse, le cafetier, le faiseur d'infirmes, le dentiste voleur d'or, le souteneur et sa proie : la belle Hamida.

Première édition 1970 *épuisée*
Quatrième édition 1989 / 14 x 22,5 / 320 pages / 110 FF   ISBN 2-7274-0163-9 / code UD : F7 3278

Naguib MAHFOUZ
LE VOLEUR ET LES CHIENS
Roman traduit de l'arabe par Khaled Osman.
"L'opportunisme et l'hypocrisie, l'absence de respect humain que comporte l'ambition tant politique que sociale et, surtout, la trahison, qu'elle soit idéologique ou sentimentale, tels sont les comportements que décrit et dénonce ce roman. Sobriété et dépouillement y sont les marques de la révolte." Nada Tomiche *(Le Monde diplomatique)*

Première édition 1985 *épuisée*
Deuxième édition 1988 / 14 x 22,5 / 168 pages / 100 FF   ISBN 2-7274-0160-4 / code UD : F7 3279

Naguib MAHFOUZ
RÉCITS DE NOTRE QUARTIER
Roman traduit de l'arabe par Khaled Osman.
"C'est une autre part du talent de Mahfouz qui nous est révélée et qui ajoute au registre connu de l'écrivain. Ici pas de roman-fleuve, mais un art et un bonheur de capter les incidents, les peurs, les troubles ou les merveilles du quotidien. Il renoue avec l'inspiration vagabonde des conteurs traditionnels." André Velter *(Le Monde)*

Première édition 1988 *épuisée*
Troisième édition 1989 / 14 x 22,5 / 200 pages / 100 FF   ISBN 2-7274-0165-5 / code UD : F7 3280

Naguib MAHFOUZ
LE JOUR DE L'ASSASSINAT DU LEADER
Roman et nouvelles. Traduits de l'arabe par André Miquel.
Un vieil homme, son petit-fils, la fiancée de celui-ci : ou comment l'affairisme et la corruption nés de la politique économique du président Sadate ont rongé les cœurs les plus purs.

Les quatre nouvelles qui suivent révèlent, pour le lecteur francophone, une facette encore inconnue du génie polyphonique de Mahfouz.

1989 / 14 x 22,5 / 176 pages / 100 FF   ISBN 2-7274-0178-7 / code UD : F7 3281

Naguib MAHFOUZ
LES FILS DE LA MÉDINA
Traduit de l'arabe par Jean-Patrick Guillaume. Préface de Jacques Berque.
Toujours interdit par la censure égyptienne, le grand roman de Naguib Mahfouz (Prix Nobel de Littérature 1988) qui lui vaut l'hostilité des milieux extrémistes. Une parabole de l'Histoire sainte des trois religions abrahamiques où les prophètes et les grands personnages sont "réincarnés" dans le petit peuple du Caire.
Entre *Les Dix Commandements* et *Les Enfants du paradis*.

Première édition 1991   *épuisée*
Deuxième édition 1995 / 14 x 22,5 / 528 pages / 165 FF   ISBN 2 7274-3492-8 / code UD : F7 3492

MAHFOUZ PAR MAHFOUZ
ENTRETIENS AVEC GAMAL GHITANY
Traduit de l'arabe par Khaled Osman.
Mahfouz s'est toujours refusé à écrire ses Mémoires. Mais il s'est laissé convaincre, par un jeune romancier égyptien, également journaliste, d'évoquer avec lui, au cours de longues promenades, des souvenirs d'enfance et d'adolescence. Ou comment le vécu a nourri le rêvé.
Et Mahfouz d'évoquer aussi les moments décisifs de l'histoire contemporaine de l'Egypte ou ses rencontres avec les célébrités littéraires et politiques, les lieux littéraires et les cafés du vieux Caire : comme toujours avec chaleur et humour.

1991 / 14 x 22,5 / 176 pages / 90 FF   ISBN 2-7274-0204-X / code UD : F7 3361

Abdelwahab MEDDEB
PHANTASIA
Roman.
"L'auteur, poète né à Tunis, vivant à Paris, nous présente un nouveau texte qu'il vaut mieux ne pas chercher à classer : c'est un très beau livre à l'écriture originale et prenante."
Maxime Rodinson *(Bulletin critique du livre français)*

1986 / 14 x 22,5 / 216 pages / 110 FF   ISBN 2-7274-0125-6 / code UD : F7 3282

Abdelwahab MEDDEB
TALISMANO
Roman.
"Cette œuvre a cette qualité rare – que l'on retrouve entre autres chez Artaud d'*Héliogabale*, le Céline du *Voyage* ou le Burroughs des *Enfants sauvages* – d'être sombre de dansante et agressive manière." Malek Alloula *(Magazine littéraire)*

1987 / 14 x 22,5 / 248 pages / 110 FF   ISBN 2-7274-0140-X / code UD : F7 3283

Abdul Rahman MOUNIF
A L'EST DE LA MÉDITERRANÉE
Roman traduit de l'arabe par Kadhim Jihad.
"Dans un pays qui n'avoue pas son nom se joue la tragédie d'un peuple. Nul besoin de métaphore pour évoquer l'horreur et l'absurde. Dans un style simple et dépouillé, l'auteur peint l'univers noir de la répression. Un livre-cri qui vous traverse comme un couteau." Samia Berrada *(Jeune Afrique)*

1985 / 14 x 22,5 / 208 pages / 110 FF   ISBN 2-7274-0113-2 / code UD : F7 3284

Tayeb SALIH
BANDARCHÂH
Roman traduit de l'arabe par Anne Wade Minkowski.
"Un conte baroque, un roman réaliste puisé dans l'inconscient du peuple. Un livre à la fois juste et féerique. L'auteur nous donne une version magique de la lutte entre les générations, de l'image du dictateur et des conditions de vie d'un peuple du tiers monde."
Vénus Khoury-Ghata *(Corps écrits)*

1985 / 14 x 22,5 / 216 pages / 110 FF   ISBN 2-7274-0111-6 / code UD : F7 3286

Tayeb SALIH
SAISON DE LA MIGRATION VERS LE NORD
Roman traduit de l'arabe par Fady Noun et Abdelwahab Meddeb.
"Un récit rapide et de belle facture qui met en scène les douloureuses et fascinantes contradictions d'un métissage des cultures et des époques." Jean Kestergat *(La Libre Belgique)*

1985 / 14 x 22,5 / 158 pages / 90 FF   ISBN 2-7274-0085-3 / code UD : F7 3285

Badr Châker AS-SAYYÂB
LE GOLFE ET LE FLEUVE
Poèmes traduits de l'arabe et présentés par André Miquel.
"Les grands mythes, mésopotamiens ou autres, scandent la procession fatale de l'humanité vers un avenir inconnu, mais à coup sûr rivé aux luttes, haines et autres misères..."
André Miquel
Sayyâb est un des plus grands poètes arabes du XXe siècle.

1977 / 14 x 22,5 / 96 pages   *épuisé*

Habib TENGOUR
LE VIEUX DE LA MONTAGNE
Récit poétique.
"De la tradition du conte oriental, ce long poème a retenu les références symboliques, l'intention philosophique et l'expression lyrique. De la langue française, qu'il manie avec bonheur, il tire une musique tour à tour profonde et flamboyante." Albert-Paul Lentin *(Médias France Intercontinents)*

1983 / 14 x 22,5 / 120 pages / 80 FF   ISBN 2-7274-0081-0 / code UD : F7 3287

Habib TENGOUR
SULTAN GALIEV OU LA RUPTURE DES STOCKS
Roman.
Un balancement rêvé dans l'espace et le temps à partir de la vie de Sultan Galiev, Tatar de Kazan, chef de file du communisme nationaliste musulman après la révolution de 1917.

1985 / 14 x 22,5 / 136 pages   *épuisé*

Habib TENGOUR
L'ÉPREUVE DE L'ARC
Roman.
A travers le kaléidoscope de ses souvenirs – vrais ou imaginés –, l'auteur recompose une adolescence inquiète et baguenaudeuse dans l'Alger d'après l'indépendance, entre une amitié difficile et orageuse, et la quête de l'amour fou.

1990 / 14 x 22,5 / 248 pages / 90 FF   ISBN 2-7274-0184-1 / code UD : F7 3288

Hommes et Sociétés
Anthropologie, arts et spectacles, relecture des grandes œuvres

ADONIS
INTRODUCTION A LA POÉTIQUE ARABE
QUATRE LEÇONS AU COLLÈGE DE FRANCE
Traduit de l'arabe par Anne Wade Minkowski et Bassam Tahhan.
"Les réflexions d'Adonis font la preuve, une fois de plus, de l'unité à travers les siècles de la création poétique, au moins dans ce vaste champ culturel qui a vu dialoguer jadis la philosophie grecque, le droit romain et les religions du Livre." Yves Bonnefoy

1985 / 14 x 22,5 / 144 pages / 85 FF   ISBN 2-7274-0112-4 / code UD : F7 3289

Jacques BERQUE
DE L'EUPHRATE A L'ATLAS
Des sociétés arabes, porteuses de classicisme et sommées de se renouveler, divisées par la richesse inégale et les ambitions impatientes, l'auteur tente de transmettre un triple message : réalité concrète et combats présents, pensée et témoignages, mais également projections déjà inscrites dans le futur.

tome 1 : Espaces et moments / 1978 / 14 x 22,5 / 736 pages   *épuisé*
tome 2 : Histoire et nature / 1978 / 14 x 22,5 / 424 pages   *épuisé*

Jacques BERQUE
ULÉMAS, FONDATEURS, INSURGÉS DU MAGHREB
XVIIe SIÈCLE
Une tentative de soustraire l'histoire du Maghreb à son exotisme tenace et de la faire émigrer de l'orientalisme en privilégiant ce qui touche à l'identité collective et à ses signes. En Afrique du Nord, aussi, il y a eu passage à ce que nous appelons Temps modernes.

1982 / 14 x 22,5 / 300 pages   *épuisé*

BIBLIOGRAPHIE DE LA CULTURE ARABE CONTEMPORAINE
Notices bibliographiques en arabe, français ou anglais. Sous la direction de Jacques Berque. Edition établie par Jacques Couland. Sindbad / Presses de l'Unesco.

1981 / 14 x 22,5 / 488 pages   *épuisé*

Moncef CHELLI
LA PAROLE ARABE
A travers le langage, une théorie de la relativité des cultures. Un ouvrage qui tourne le dos à l'ethnologie classique et permet de jeter un regard neuf sur le développement de la philosophie et de la science.

1980 / 14 x 22,5 / 328 pages   *épuisé*

Claude Michel CLUNY
DICTIONNAIRE DES NOUVEAUX CINÉMAS ARABES
Filmographies, biographies, entretiens et textes.
Prix des Critiques de cinéma 1979, ce livre, à la fois dictionnaire et ouvrage de référence, est un outil indispensable à tous les cinéphiles curieux de l'histoire du 7e art.

1978 / 14 x 22,5 / 500 pages / 92 photos noir et blanc   *épuisé*

Toufic FAHD
LA DIVINATION ARABE
Présages, rêves, physiognomonie, ornithomancie, cléromancie... Toutes les formes d'expression de la nature disent la volonté des dieux et font entendre leur voix. La divination arabe, d'une étonnante richesse intimement liée à la prophétie, en est le premier degré.

1987 / 14 x 22,5 / 568 pages / 230 FF   ISBN 2-7274-0146-9 / code UD : F7 3291

Hassan FATHY
CONSTRUIRE AVEC LE PEUPLE
Traduit de l'anglais par Yana Kornel. Liminaire de Pierre Bernard.
La "Bible" de tous ceux qui s'intéressent à une architecture en symbiose avec l'environnement. "Livre révolutionnaire puisqu'il mène à une coopération populaire où pauvreté devient richesse, où simplicité des moyens sert ce qui s'appelle l'Art." Renée Boullier *(Nouvelle Revue française)*

Première édition 1970   *épuisée*
Cinquième édition prévue en 1996 / 14 x 22,5 / 432 pages /
133 photographies, dessins et plans   ISBN 2-7427-0807-3 / code UD : F7 3756

Hassan FATHY
CONSTRUIRE AVEC LE PEUPLE, ANNEXES
Analyse du coût du travail et du prix de revient de la construction. Coût de la formation de la main-d'œuvre sur le chantier. Organisation du travail. Fondations. Fabrication des briques. Comparaison des prix : devis et réalisation.

1979 / grand format / 62 pages / tableaux   *épuisé*

Mahmoud GUETTAT
LA MUSIQUE CLASSIQUE DU MAGHREB
L'auteur ressuscite dans son ampleur, son raffinement et son devenir, la musique du Maghreb avec une rigueur scientifique et une sensibilité d'artiste qui n'excluent pas l'audace polémique.
Nombreuses portées musicales, bibliographie, discographie, glossaire musical.

1980 / 14 x 22,5 / 400 pages / 21 photos   *épuisé*

Roberto HAMM
POUR UNE TYPOGRAPHIE ARABE
Ecriture, calligraphie et typographie n'ont pas la même fonction. La naissance d'une véritable typographie arabe se fait attendre. Plutôt que d'abandonner l'écriture arabe, ne faut-il pas l'adapter aux systèmes modernes de reproduction ?
Il s'agit ici d'une contribution technique à la politique d'arabisation au Maghreb, et à celle de démocratisation de l'enseignement et de la culture.

1975 / 14 x 22,5 / 200 pages / 79 planches et figures   *épuisé*

Percy KEMP
TERRITOIRES D'ISLAM
Liminaire d'André Miquel.
L'auteur est allé à Mossoul sur les pas de Yâsîn Umarî. Il a fouillé la mémoire de l'écrivain : à travers son œuvre, c'est le monde vu de Mossoul – arabe, certes, mais aux confins d'autres prestigieuses terres du passé musulman : turque, iranienne, kurde – qu'il nous restitue.

1982 / 14 x 22,5 / 192 pages / 110 FF   ISBN 2-7274-0075-6 / code UD : F7 3293

Abdelfattah KILITO
LES SÉANCES
RÉCITS ET CODES CULTURELS CHEZ HAMADHÂNÎ ET HARÎRÎ
Inventée au Xe siècle, la Séance (al-maqâma) est à la fois genre littéraire et type de discours. L'auteur s'interroge sur l'apparition puis l'oubli et l'abandon de cette forme d'écriture et, partant, sur l'état actuel de la culture arabe.

1983 / 14 x 22,5 / 304 pages / 140 FF   ISBN 2-7274-0086-1 / code UD : F7 3294

Jacques MADELAIN
L'ERRANCE ET L'ITINÉRAIRE
Irrité de voir les romans maghrébins de langue française réduits à n'être que "des prétextes à variation linguistique ou des auxiliaires à l'explication historique", l'auteur s'est livré à une lecture personnelle pour montrer comment ces œuvres littéraires peuvent mener à l'essentiel.

1983 / 14 x 22,5 / 200 pages / 120 FF   ISBN 2-7274-0077-2 / code UD : F7 3295

Nadir MAROUF
LECTURE DE L'ESPACE OASIEN
Un essai de sociologie rurale sur les oasis occidentales du Sahara algérien. Rétrospective socio-historique, phase de la "rupture" coloniale et conditions actuelles d'une insertion dans l'espace économique.

1980 / 14 x 22,5 / 288 pages   *épuisé*

André MIQUEL
SEPT CONTES DES MILLE ET UNE NUITS
OU IL N'Y A PAS DE CONTES INNOCENTS
Essai.
Sept contes pris à l'immense trésor des *Nuits*. L'auteur en propose plusieurs lectures possibles, comme se transformèrent eux-mêmes ces récits au cours de leur longue histoire.

Première édition 1981   *épuisée*
Deuxième édition 1987 / 14 x 22,5 / 300 pages / 150 FF   ISBN 2-7274-0139-6 / code UD : F7 3297

André MIQUEL et Percy KEMP
MAJNÛN ET LAYLÂ : L'AMOUR FOU
A partir des textes de l'époque, entre la légende et l'histoire, les auteurs traquent et reconstruisent l'aventure de Majnûn et de Laylâ, le couple tragique le plus célèbre de la tradition littéraire arabe.

1984 / 14 x 22,5 / 288 pages   *épuisé*

André RAVÉREAU
LE M'ZAB, UNE LEÇON D'ARCHITECTURE
Préface de Hassan Fathy. 177 photos, dont 36 en couleurs de Manuelle Roche. 27 dessins et plans.
Au Sahara, mille ans d'une architecture exemplaire sans architecte ont inspiré à l'auteur une philosophie de la ville. Plaidoyer pour un confort véritable, inspiré de la tradition et de l'environnement.

Première édition 1981   *épuisée*
Deuxième édition 1987 / 20 x 22,5 / 288 pages / 320 FF   ISBN 2-7274-0138-8 / code UD : F7 3298

André RAVÉREAU
LA CASBAH D'ALGER, ET LE SITE CRÉA LA VILLE
Préface de Mostefa Lacheraf. 155 photos dont 38 en couleurs de Manuelle Roche. 33 dessins et plans.
"L'architecte André Ravéreau et la photographe Manuelle Roche ont consacré un quart de siècle à illustrer cette architecture algérienne encore méconnue qui fit la joie du Corbusier." Jean-Pierre Péroncel-Hugoz *(Le Monde)*

1989 / 20 x 22,5 / 240 pages / 340 FF   ISBN 2-7274-0181-7 / code UD : F7 3299

André RAYMOND
GRANDES VILLES ARABES A L'ÉPOQUE OTTOMANE
"Synthèse magistrale des recherches sur les grandes villes du monde arabe d'Alger à Bagdad en passant par Tunis, Le Caire, Damas, Alep, Mossoul, du XVIe au XIXe siècle." Maxime Rodinson *(Bulletin critique du livre français)*

1989 / 14 x 22,5 / 392 pages / 33 plans de villes et figures / 200 FF   ISBN 2-7274-0107-8 / code UD : F7 3300

L'HISTOIRE DÉCOLONISÉE
A travers documents, chroniques et témoignages,
l'histoire de l'autre côté du miroir

Charles-Robert AGERON
L'ALGÉRIE ALGÉRIENNE DE NAPOLÉON III A DE GAULLE
Ensemble d'études sur l'histoire de l'Algérie et de la politique coloniale française, de 1850 à 1962.

1983 / 14 x 22,5 / 280 pages   *épuisé*

Jean-Paul CHAGNOLLAUD
MAGHREB ET PALESTINE
Algériens, Marocains, Tunisiens, face au problème palestinien, de la Déclaration Balfour, en 1917, à la guerre d'octobre 1973.

1977 / 14 x 22,5 / 268 pages   *épuisé*

Eugène DAUMAS
MŒURS ET COUTUMES DE L'ALGÉRIE
Présentation d'Abdelkader Djeghloul.
Les sources algériennes concernant les premières années qui suivirent la prise d'Alger sont rares, dispersées et d'accès difficile. Restent donc les sources coloniales qui, pour être marquées par l'idéologie conquérante de l'époque, n'en sont pas moins marquantes par l'acuité du regard de ceux qui les ont rédigées. Un texte du milieu du XIXe siècle – devenu introuvable – à relire d'un œil neuf.

1988 / 14 x 22,5 / 288 pages / 140 FF   ISBN 2-7274-0150-7 / code UD : F7 3301

Francesco GABRIELI
CHRONIQUES ARABES DES CROISADES
Traduit de l'italien par Viviana Pâques.
Par la richesse de la matière, l'abondance des précisions, l'historiographie arabe des croisades soutient la comparaison avec celle des chrétiens du Moyen Age. Epopées, chroniques, portraits : tous les genres se succèdent. Une présentation magistrale des chroniqueurs musulmans de l'époque : l'histoire vue "de l'autre côté".

Première édition 1977 *épuisée*
Deuxième édition 1986 / 14 x 22,5 / 408 pages / 160 FF   ISBN 2-7274-0134-5 / code UD : F7 3302

Hamdan KHODJA
LE MIROIR
APERÇU HISTORIQUE ET STATISTIQUE SUR LA RÉGENCE D'ALGER
Introduction d'Abdelkader Djeghloul.
Un grand classique de l'histoire maghrébine, depuis longtemps introuvable. Le seul document algérien sur l'état de la Régence à la veille et au début de l'occupation française. Un réquisitoire et une adresse à la France.
Suivi d'une "Réfutation" et d'une "Réponse à la réfutation".

1985 / 14 x 22,5 / 320 pages / 150 FF   ISBN 2-7274-0108-6 / code UD : F7 3304

Suleiman MOUSSA
SONGE ET MENSONGE DE LAWRENCE
Traduit de l'anglais par Hélène Houssemaine. Précédé d'une préface de Vincent Monteil, "Lawrence vu par les Arabes".
Une lecture arabe des *Sept Piliers de la sagesse*, confrontant le récit de Lawrence à l'immense documentation aujourd'hui disponible sur la révolte arabe du Hedjaz et ses suites.

1973 / 14 x 22,5 / 360 pages *épuisé*

VENTURE DE PARADIS
TUNIS ET ALGER AU XVIIIe SIÈCLE
Mémoires et observations rassemblés et présentés par Joseph Cuoq.
Une mine de renseignements sur les "Etats barbaresques" au XVIIIe siècle, avec des pages inédites sur Tunis et la Tunisie.

1983 / 14 x 22,5 / 296 pages / 150 FF   ISBN 2-7274-0087-X / code UD : F7 3305

L'ACTUEL

Paul BALTA et Claudine RULLEAU
LA POLITIQUE ARABE DE LA FRANCE DE DE GAULLE A POMPIDOU.
La vision gaullienne dans ses dimensions politique, économique et culturelle.

1973 / 14 x 22,5 / 288 pages *épuisé*

Paul BALTA et Claudine RULLEAU
LA VISION NASSÉRIENNE
Textes rassemblés et présentés par Paul Balta et Claudine Rulleau.
Premier fils du Nil à diriger l'Égypte depuis deux millénaires, nationaliste, révolutionnaire, socialiste pragmatique, Nasser a posé, il y a plus d'un quart de siècle, les grandes questions qui sont maintenant au cœur de l'actualité et qui inquiétaient, alors, l'Occident.

1982 / 14 x 22,5 / 280 pages / 140 FF   ISBN 2-7274-0067-5 / code UD : F7 3380

Jacques BERQUE
LES ARABES
"On y découvre comment l'immémorial univers bédouin, si parfaitement méconnu, est lié à la plus antique tradition urbaine par une ambivalence telle que les nouvelles classes sociales, nées du monde moderne, s'intègrent dans cette alternance des versants, et ne peuvent la rompre." Jean Grosjean *(La Nouvelle Revue française)*

Première édition 1973   *épuisée*
Deuxième édition 1979 / 14 x 22,5 / 192 pages   *épuisée*

Jacques BERQUE
ANDALOUSIES
Après un quart de siècle d'enseignement au Collège de France, une leçon de clôture qui est un plaidoyer pour une Andalousie nouvelle.

1981 / 14 x 22,5 / 48 pages   *épuisé*

Jean-Paul CHARNAY
LES CONTRE-ORIENTS OU COMMENT PENSER L'AUTRE SELON SOI
Essai.
Malgré l'uniformisation apparente de la culture scientifico-technique et des voyages, les différences demeurent. Et le décalage se creuse entre l'Occident et l'islam. Comment l'Europe et le monde arabe peuvent-ils s'enrichir mutuellement ?

1990 / 14 x 22,5 / 280 pages / 90 FF   ISBN 2-7274-0051-9 / code UD : F7 3338

Pierre ROSSI
LES CLEFS DE LA GUERRE
Les origines, le déroulement et les perspectives de la guerre du Proche-Orient par un ardent défenseur de la "politique arabe" du général de Gaulle.

1970 / 14 x 22,5 / 160 pages   *épuisé*

Arnold TOYNBEE
AFRIQUE ARABE, AFRIQUE NOIRE
Traduit de l'anglais par Yves Thoraval.
"Quelle réponse la négritude, l'arabisme et l'islam apportent-ils aux défis lancés par le monde moderne ? Toynbee s'interroge et répond, avec compréhension mais sans complaisance." *(Le Monde diplomatique)*

1972 / 14 x 22,5 / 152 pages   *épuisé*

Textes politiques

Paul BALTA et Claudine RULLEAU
LA STRATÉGIE DE BOUMEDIÈNE
Textes rassemblés et présentés par Paul Balta et Claudine Rulleau.
Les grands thèmes de réflexion et d'action de l'ancien président de l'Algérie, et notamment la recherche d'un nouvel ordre international.
1978 / 14 x 22,5 / 368 pages *épuisé*

Bichara et Naïm KHADER
TEXTES DE LA RÉVOLUTION PALESTINIENNE
Textes rassemblés et traduits de l'arabe par Bichara et Naïm Khader.
Plates-formes politiques et déclarations des principales organisations palestiniennes.
1975 / 14 x 22,5 / 360 pages *épuisé*

Claude PALAZZOLI
LE MAROC POLITIQUE
Textes rassemblés et présentés par Claude Palazzoli. Publié avec le concours du CNRS. Recueil rassemblant pour la première fois les principales proclamations des rois Mohamed V et Hassan II, ainsi que les documents des grands partis politiques et des syndicats. Avec une éclairante introduction, des commentaires précédant chaque chapitre, une chronologie, une bibliographie et un index.
1974 / 14 x 22,5 / 488 pages *épuisé*

LE CORAN

Essai de traduction intégrale de l'arabe,
annoté et suivi d'une étude exégétique
par Jacques Berque

La traduction de référence qui restitue le souffle du texte original : sa puissance, sa précision, sa poésie.

ÉDITION COURANTE
848 pages, sur papier bible ivoire 45 g, imprimées en deux couleurs (noir et rouge).
Calligraphies de Ghani Alani.
Traduction avec notes en pied de page, suivie d'une importante étude exégétique. Deux index : des noms propres, des thèmes et concepts principaux. Tables.
Reliure façon cuir, vert émeraude, titres et textes or, coins arrondis, signets. Emboîtage cartonné de protection, imprimé en deux couleurs et pelliculé.

1990 / 14,5 x 23 / 843 pages / 380 FF   ISBN 2-7274-0193-0 / code UD : F7 3356

ÉDITION BIBLIOPHILIQUE
Tirage limité, exemplaires numérotés.
848 pages, sur papier bible ivoire 60 g, imprimées en deux couleurs (noir et rouge).
Calligraphies de Ghani Alani.
Traduction avec notes en pied de page, suivie d'une importante étude exégétique. Deux index : des noms propres, des thèmes et concepts principaux. Tables.
Reliure cuir vert antique (plein maroquin : chèvre) frappée à froid, titres et textes frappés à l'or fin véritable (23 carats), pages de garde en papier marbré couleurs à l'ancienne, tranches or fin véritable (23 carats), signets. Emboîtage de luxe cartonné, recouvert du même papier marbré que les pages de garde, bord cuir antique, intérieur en suédine. Conditionnement de protection.

Format : 14,5 x 23   *épuisé*

LA BIBLIOTHÈQUE DE L'ISLAM

ESSAIS, TEXTES et TÉMOINS
Pour connaître et comprendre l'islam

ANSÂRÎ
CHEMIN DE DIEU
Traduit de l'arabe et du persan, présenté et annoté par Serge de Laugier de Beaurecueil.
Trois traités mystiques de l'un des plus grands soufis d'Afghânistân : *Les Cent Terrains, Les Etapes des itinérants vers Dieu, Les Déficiences des demeures*.
1986 / 14 x 22,5 / 216 pages   *épuisé*

ANSÂRÎ
CRIS DU CŒUR
Traduit du persan, présenté et annoté par Serge de Laugier de Beaurecueil.
Ces cris d'un guide spirituel et chaleureux, Ansârî (1006-1089), tentent d'exprimer l'inexprimable : l'expérience spirituelle. L'auteur procède à la fois comme un peintre et comme un musicien : par touches successives, par déroulement de la mélodie. Il utilise les thèmes du voyage, de la lumière, de l'eau, du feu, de la souffrance, de la maladie… pour chercher Dieu et Le trouver.
1988 / 14 x 22,5 / 160 pages / 130 FF   ISBN 2-7274-0148-5 / code UD : F7 3306

Jacques BERQUE
L'ISLAM AU TEMPS DU MONDE
Onze essais pour contribuer au désenclavement de l'islamologie dans l'espace, dans le temps et dans la méthode.
1984 / 14 x 22,5 / 280 pages   *épuisé*

Clifford Edmund BOSWORTH
LES DYNASTIES MUSULMANES
Traduit de l'anglais par Yves Thoraval.
Le seul manuel de chronologie et de généalogie qui couvre toute l'histoire du monde musulman, depuis les premiers califes jusqu'à nos jours. Les listes dynastiques font l'objet d'un commentaire historique le plus souvent suivi d'une courte bibliographie.
1996 / 14 x 22,5 / 320 pages environ / 168 FF   ISBN 2-7427-0713-1 / code UD : F7 3629

Chikh BOUAMRANE et Louis GARDET
PANORAMA DE LA PENSÉE ISLAMIQUE
Les hommes, les écoles, les mouvements les plus représentatifs depuis les origines de l'islam jusqu'à nos jours, qu'il s'agisse de l'exégèse, de la tradition prophétique, de la mystique, de la philosophie, de l'histoire ou des sciences.

Première édition 1984 *épuisée*
Deuxième édition 1991 / 14 x 22,5 / 372 pages *épuisée*
(voir aussi "Petite Bibliothèque Sindbad")

Titus BURCKHARDT
L'ART DE L'ISLAM
LANGAGE ET SIGNIFICATION
Illustré par Roland Michaud. 106 photos en couleurs. 9 plans et graphiques.
Une synthèse magistrale pour connaître et comprendre l'art de l'islam, une initiation à la connaissance de la spiritualité musulmane : alliance de la pratique artistique et de la quête spirituelle, génie de l'espace architectural, rôle de la langue, de la calligraphie, de la communauté.

1985 / 20 x 22,5 / 310 pages / 298 FF   ISBN 2-7274-0116-7 / code UD : F7 3308

Jean-Paul CHARNAY
SOCIOLOGIE RELIGIEUSE DE L'ISLAM
Au-delà de la présentation des principes musulmans de la foi et de l'action, cet essai propose des optiques et des méthodes pour comprendre les immenses mutations qui s'exaltent dans le monde de l'islam.

1978 / 14 x 22,5 / 480 pages   *épuisé*

Emile DERMENGHEM
VIES DES SAINTS MUSULMANS
Emile Dermenghem – dont les travaux consacrés au culte des saints en islam sont célèbres – propose un ensemble de biographies : celles des grands "Elus" des premiers siècles musulmans. Elles sont enrichies par des anecdotes, des dits attribués aux saints et une lecture des grands traités spirituels.

1981 / 14 x 22,5 / 336 pages / 140 FF   ISBN 2-7274-0078-0 / code UD : F7 3309
(voir aussi "Petite Bibliothèque Sindbad")

GHAZÂLÎ
TEMPS ET PRIÈRES
Traduit de l'arabe, présenté et annoté par Pierre Cuperly.
Connaît-on la place faite dans la société musulmane à ces "instants de prière" que sont la remémoration de Dieu, l'invocation, la demande de pardon... qui conduisent à la rencontre divine dans une prière ininterrompue au long des heures du jour et de la nuit ? Extraits de l'œuvre majeure de Ghazâlî, le plus grand théologien musulman de l'âge médiéval. On y découvre, citées, quelques célèbres prières de prophètes et de personnages de l'histoire religieuse.

1987 / 14 x 22,5 / 216 pages / 130 FF   ISBN 2-7274-0186-8 / code UD : F7 3310

HALLÂJ
POÈMES MYSTIQUES
Edition bilingue. Traduction de l'arabe, présentation et calligraphies par Sami-Ali.
"Voici les doigts que nous avons teints du sang des amants." Ce vers donne la mesure de la fulgurance poétique d'une œuvre qui ne se résume point. Célèbre soufi d'origine persane, Hallâj fut affreusement torturé puis crucifié à Bagdad en 922.

1986 / 14 x 22,5 / 96 pages / 100 FF ISBN 2-7274-0120-5 / code UD : F7 3311

HUJWIRÎ
SOMME SPIRITUELLE
Traduit du persan et présenté par Djamchid Mortazavi.
Un des ouvrages les plus anciens et les plus complets sur le soufisme par un maître dont le tombeau est vénéré aujourd'hui encore à Lahore. Cinq grandes parties résument les recherches et le savoir d'Hujwirî : soufisme et connaissance ; les compagnons du Prophète ; premiers califes et imams ; les soufis fondateurs et les confréries ; les onze "dévoilements".

1988 / 14 x 22,5 / 488 pages / 210 FF ISBN 2-7274-0149-3 / code UD : F7 3312

Kamel HUSSEIN
LA CITÉ INIQUE
PROCÈS ET CONDAMNATION DE JÉSUS
Traduit de l'arabe et présenté par Roger Arnaldez. Préface de Jean Grosjean.
Le procès de Jésus imaginé pour la première fois par un penseur musulman. Dans son récit du Vendredi saint, l'auteur éclaire les acteurs de ce grand drame : apôtres, juifs et Romains. Mais les vrais responsables sont "les hommes qui veulent tuer la conscience en projetant d'exterminer celui qui la leur découvre avec une puissance de manifestation troublante et bouleversante".

Première édition 1973 *épuisée*
Deuxième édition 1986 / 14 x 22,5 / 160 pages / 110 FF ISBN 2-7274-0135-3 / code UD : F7 3313

IBN AL-JAWZÎ
LA PENSÉE VIGILE
Traduit de l'arabe et présenté par Daniel Reig.
Une longue réflexion intellectuelle et morale telle qu'il s'en composait en islam au XIIe siècle. L'auteur, sermonnaire reconnu et admiré, a milité pour une affirmation de la pureté doctrinale et de la modération de l'islam contre l'extrémisme des faux dévots et des faux ascètes.

1986 / 14 x 22,5 / 336 pages / 180 FF ISBN 2-7274-0126-4 / code UD : F7 3314

IBN 'ARABÎ
LES SOUFIS D'ANDALOUSIE
Traduit de l'arabe et présenté par R. W. J. Austin. Version française de Gérard Leconte.
A travers les portraits et les biographies des maîtres andalous et maghrébins qu'il a connus, Ibn 'Arabî nous renseigne sur la période occidentale de sa vie, celle de l'enfance, de l'adolescence et de l'initiation spirituelle. Conçu pour démasquer les faux mystiques, cet ouvrage constitue un témoignage exceptionnel sur l'Occident musulman de la fin du XIIe siècle.

Première édition 1979 *épuisée*
Deuxième édition 1988 / 14 x 22,5 / 192 pages / 120 FF ISBN 2-7274-0155-8 / code UD : F7 3315

IBN 'ARABÎ
LE CHANT DE L'ARDENT DÉSIR
Choix de poèmes, traduits de l'arabe par Sami-Ali.
Ibn 'Arabî et Nizâm : le Dante et la Béatrice de la poésie arabe. La présence divine est saisie dans celle de la Bien-Aimée à travers des images où, miraculeusement, se concilient le visionnaire et l'amant.
1989 / 14 x 22,5 / 68 pages / 100 FF   ISBN 2-7274-0177-9 / code UD : F7 3318

IBN 'ARABÎ
LES ILLUMINATIONS DE LA MECQUE
Textes choisis / Selected texts. Présentés et publiés sous la direction de Michel Chodkiewicz.
Traduction et annotation de W. C. Chittick, C. Chodkiewicz, D. Gril, J. W. Morris.
Le grand soufi andalou Ibn 'Arabî est l'auteur de plusieurs centaines d'ouvrages parmi lesquels beaucoup sont encore inédits. Mais la synthèse de son enseignement initiatique est constituée par celui qu'il a intitulé *Al-Futûhât al-Makkiyyâ (Les Illuminations de La Mecque)* totalisant trente-sept volumes.
Cinq chercheurs (français et anglo-saxons) nous en donnent ici de larges extraits : doctrine des noms divins et des théophanies, eschatologie, description des étapes de l'itinéraire qui conduit à la sainteté, science des lettres...
Chacun a traduit dans sa langue : on trouvera donc ici tantôt des pages en anglais, tantôt des pages en français.
1989 / 14 x 22,5 / 656 pages   *épuisé*

IBN 'ARABÎ
LA VIE MERVEILLEUSE DE DHÛ-L-NÛN, L'ÉGYPTIEN
Traduit de l'arabe, présenté et annoté par Roger Deladrière.
"Des oiseaux verts d'une espèce inconnue" volèrent au-dessus de la dépouille de Dhû-l-Nûn l'Egyptien quand on le transporta en terre. Ibn 'Arabî rapporte ce témoignage rendu à la sainteté de Dhû-l-Nûn dans l'hagiographie qu'il lui a consacrée et à travers laquelle éclatent les qualités de ce maître spirituel, son savoir, son élégance d'esprit, sa bonté, son extraordinaire talent de conteur.
1989 / 14 x 22,5 / 408 pages / 230 FF   ISBN 2-7274-0157-4 / code UD : F7 3316

IBN KHALDÛN
LA VOIE ET LA LOI OU LE MAÎTRE ET LE JURISTE
Traduit de l'arabe, présenté et annoté par René Pérez. Notices biographiques, bibliographie et index.
Cet ouvrage du fondateur de la sociologie de l'histoire en islam – XIVe siècle – est encore d'actualité.
Consacré à la légitimité du maître spirituel dont le rôle est mis en cause par les docteurs de la Loi, tenant d'une interprétation littérale de la religion, il propose une réflexion originale sur la signification et le développement du soufisme.
1991 / 14 x 22,5 / 315 pages / 150 FF   ISBN 2-7274-0190-6 / code UD : F7 3363

IBN ROCHD (AVERROÈS)
L'ACCORD DE LA RELIGION ET DE LA PHILOSOPHIE
Traduit de l'arabe et annoté par Léon Gauthier.
Ou la nécessité de concilier la logique avec l'Ecriture. A lire ou à relire dans un débat actuel où l'islam, pour certains, signifie "fanatisme" : l'exercice d'une pensée rigoureuse en faveur de l'examen critique concilié avec le respect de la foi.
1988 / 14 x 22,5 / 72 pages / 90 FF   ISBN 2-7274-0159-0 / code UD : F7 3319

Mohammed IQBAL
LA MÉTAPHYSIQUE EN PERSE
Traduit de l'anglais par Eva de Vitray-Meyerovitch.
De Zoroastre à Mani, de l'islam à la philosophie grecque, d'al-Fârâbî aux ash'arites, du soufisme au bâbisme... par un philosophe et un poète, père spirituel du Pakistan.

1980 / 14 x 22,5 / 152 pages   *épuisé*

Jâbir IBN HAYYÂN
DIX TRAITÉS D'ALCHIMIE
Traduit de l'arabe par Pierre Lory.
Les dix premiers traités du *Livre des soixante-dix*. Jâbir, le légendaire alchimiste du VIIIe siècle, connu en Europe sous le nom de Geber, y pose les principes généraux et les étapes du grand œuvre.

1984 / 14 x 22,5 / 320 pages   *épuisé*

JUNAYD
ENSEIGNEMENT SPIRITUEL
Traduit de l'arabe, présenté et annoté par Roger Deladrière.
Traités, lettres, oraisons et sentences de celui qui était désigné comme "le Seigneur de la Tribu spirituelle" : non seulement l'un des théoriciens essentiels de la mystique musulmane mais encore l'un des précurseurs de "la voie" initiatique.

1989 / 14 x 22,5 / 232 pages / 120 FF   ISBN 2-7274-0080-2 / code UD : F7 3320

KALÂBÂDHÎ
TRAITÉ DE SOUFISME : LES MAÎTRES ET LES ÉTAPES
Traduit de l'arabe et présenté par Roger Deladrière.
Initiation aux doctrines mystiques par une éminente autorité spirituelle du Xe siècle. L'auteur veut concilier la mystique à l'orthodoxie, articulant les sentences des premiers maîtres soufis aux versets coraniques et aux dits du Prophète.

1981 / 14 x 22,5 / 222 pages   *épuisé*

Rédha MALEK
TRADITION ET RÉVOLUTION
L'ENJEU DE LA MODERNITÉ EN ALGÉRIE ET DANS L'ISLAM
Une analyse critique de la révolution algérienne, qui s'appuie également sur l'œuvre prémonitoire des grands penseurs de l'islam historique et moderne, par un ancien ministre et grand diplomate qui négocia les accords d'Evian et la libération des otages de l'ambassade américaine à Téhéran.

1993 / 14 x 22,5 / 224 pages / 120 FF   ISBN 2-7274-0209-0 / code UD : F7 3364

Youssef NACIB
CHANTS RELIGIEUX DU DJURDJURA
Traduit du kabyle et présenté par Youssef Nacib.
Anonymes témoins de la ferveur populaire, ces chants ont été collectés dans les hameaux haut perchés du massif du Djurdjura, au Nord de l'Algérie. Des documents ont été enregistrés. Youssef Nacib en a choisi et traduit une trentaine parmi les plus représentatifs des thèmes abordés.

1988 / 14 x 22,5 / 184 pages / 110 FF   ISBN 2-7274-0147-7 / code UD : F7 3321

RÂZÎ
GUIDE DU MÉDECIN NOMADE
Traduit de l'arabe et présenté par El-Arbi Moubachir. Lexique médical arabe-français.
Liminaire de Paul Milliez.
Les "Aphorismes" du grand médecin, célèbre en Europe sous le nom de Rhazes, condensant et ordonnant son expérience thérapeutique. Pour tous ceux qui s'intéressent à l'histoire de la médecine, et aux médecines douces.

1980 / 14 x 22,5 / 200 pages *épuisé*
1996 / 14 x 22,5 / 200 pages / 100 FF ISBN 2-7427-0720-4 / code UD : F7 3635

Ali SHARIATI
HISTOIRE ET DESTINÉE
Textes choisis et traduits du persan par F. Hamed et N. Yavari-d'Hellencourt. Présentation de Jacques Berque.
Idéologue de la révolution iranienne, l'auteur avait plaidé, avant sa mort en exil (1977), pour les lendemains à construire dans la vérité, la justice sociale et la foi... Nul n'est prophète en son pays.

1982 / 14 x 22,5 / 144 pages / 110 FF ISBN 2-7274-0071-3 / code UD : F7 3322

TABARÎ
MOHAMMED, SCEAU DES PROPHÈTES
Traduit du persan par Hermann Zotenberg. Préface de Jacques Berque.
Le portrait, les faits et gestes, la vie du prophète de l'islam. Traduction à partir d'un texte en persan qui condense la *Chronique* de Tabarî.

1980 / 14 x 22,5 / 360 pages *épuisé*

TABARÎ
LES QUATRE PREMIERS CALIFES
Traduit du persan par Hermann Zotenberg.
Les difficultés des trois décennies qui suivent la mort du Prophète et l'épopée de ses quatre successeurs : Abû Bakr, Omar, Othmân et 'Alî.

1981 / 14 x 22,5 / 416 pages *épuisé*
(voir aussi "Petite Bibliothèque Sindbad")

TABARÎ
LES OMAYYADES
Traduit du persan par Hermann Zotenberg.
Descendant de l'aristocratie mecquoise qui a combattu l'islam à ses débuts, les Omayyades vont déplacer le centre du pouvoir à Damas, faire du califat une monarchie et étendre l'islam de l'Espagne à la Chine.

1983 / 14 x 22,5 / 288 pages *épuisé*

TABARÎ
L'ÂGE D'OR DES ABBASIDES
Traduit du persan par Hermann Zotenberg.
Le pouvoir central de l'islam se déplace de Syrie en Irak. Al-Mansour fonde Bagdad qui brille par ses poètes, ses savants et ses artistes. Né lorsque commence le déclin des Abbâssides, Tabarî donne ici la glorieuse et dernière partie de sa *Chronique*.

1983 / 14 x 22,5 / 208 pages *épuisé*
(voir aussi "Petite Bibliothèque Sindbad")

TABARÎ
LES PROPHÈTES ET LES ROIS
Tome 1 : De la création à David.
Traduit du persan par Hermann Zotenberg.
Début de la monumentale chronique du premier "chroniqueur" musulman (839-923).
Dans un esprit qui mêle la fable au fait, Tabarî nous transmet les portraits et les heures des grands personnages de l'histoire ancienne.

1984 / 14 x 22,5 / 368 pages   *épuisé*
(voir aussi "Petite Bibliothèque Sindbad")

TABARÎ
LES PROPHÈTES ET LES ROIS
Tome 2 : De Salomon à la chute des Sassanides.
Traduit du persan par Hermann Zotenberg.
Avec le deuxième volume de sa *Chronique*, Tabarî complète l'Histoire, des origines à la naissance du Prophète de l'islam. On comprend mieux ainsi la conscience islamique, son attachement à la généalogie abrahamique et aux rectifications apportées aux héritages de l'Ancien et du Nouveau Testament.

1984 / 14 x 22,5 / 400 pages   *épuisé*
(voir aussi "Petite Bibliothèque Sindbad")

Eva de VITRAY-MEYEROVITCH
ANTHOLOGIE DU SOUFISME
Prières, poèmes et textes, traduits de l'arabe, du persan, de l'ourdou, du peul ou du serbo-croate… qui restituent le feu intérieur des plus grands mystiques musulmans.
Avec une notice sur les auteurs cités.

Première édition 1978   *épuisée*
Deuxième édition 1986 / 14 x 22,5 / 368 pages / 160 FF   ISBN 2-7274-0124-8 / code UD : F7 3325

LA BIBLIOTHÈQUE PERSANE

Les grands livres de l'héritage culturel persan :
poètes et mystiques, conteurs et romanciers, philosophes et chroniqueurs

FERDOWSI
LE LIVRE DES ROIS
Traduit du persan par Jules Mohl. Extraits choisis et revus par Gilbert Lazard.
Des extraits du Shâhnâmè, un des chefs-d'œuvre incontestés de la littérature mondiale, épopée légendaire de l'Iran, écrite au XIe siècle, mais que le peuple iranien écoute encore aujourd'hui avec joie et ferveur.
1979 / 14 x 22,5 / 312 pages   *réédition prévue en 1996*

HÂFEZ SHIRÂZI
L'AMOUR, L'AMANT, L'AIMÉ
Edition bilingue. Calligraphies originales.
Cent ballades du *Dîwân* choisies, traduites du persan et présentées par Vincent Mansour Monteil, en collaboration avec Akbar Tadjvidi.
L'amour, charnel, idéal ou mystique, est au cœur de ces poèmes représentatifs de la spiritualité de l'auteur, de sa vision du monde illusoire d'ici-bas, de sa notion du Temps et du Destin.
Coédition Unesco.
1989 / 14 x 22,5 / 321 pages / 150 FF   ISBN 2-7274-0183-3 / code UD : F7 3327

KHAYYÂM et HÂFEZ
QUATRAINS / BALLADES
Edition bilingue. Calligraphies de Blandine Furet. Traduit du persan par Vincent Mansour Monteil.
Une traduction nouvelle des quatrains de l'illustre mathématicien et poète du XIIe siècle auxquels Vincent Mansour Monteil a ajouté les ballades du grand poète de Shirâz.
1983 / 14 x 22,5 / 176 pages   *réédition prévue en 1996*

NIZAM AL-MULK
TRAITÉ DE GOUVERNEMENT
Traduit du persan par Charles Schefer. Préface de Jean-Paul Roux.
Les conseils donnés au souverain par le vizir du sultan Malik Chah (XIe siècle), vizir qui exerça le pouvoir depuis Ispahan sur l'un des plus grands empires du monde. Des réflexions qui n'ont rien perdu de leur véracité et de leur saveur.
1984 / 14 x 22,5 / 384 pages / 150 FF   ISBN 2-7274-0106-X / code UD : F7 3329

SHABESTARI
LA ROSERAIE DU MYSTÈRE *suivi du* **COMMENTAIRE** de Lahîjî
Traduit du persan, présenté et annoté par Djamchid Mortazavi et Eva de Vitray-Meyerovitch.
Pour accéder à l'unicité absolue, il faut percevoir les Etapes et maîtriser les états spirituels. Seul l'homme conscient peut renoncer à son ego, devenir atome dans l'existence cosmique. Dans cette recherche essentielle, la connaissance mystique et ses moyens – vision, dévoilement, intuition et illumination – importent plus que tout.
1991 / 14 x 22,5 / 230 pages / 120 FF   ISBN 2-7274-0195-7 / code UD : F7 3365

SULTÂN VALAD
MAÎTRE ET DISCIPLE
Traduit du persan par Eva de Vitray-Meyerovitch.
L'enseignement de Rûmî, transmis par son fils aîné, Sultân Valad, qui fut pendant soixante-dix ans son intime et son confident. Le maître éveille l'âme endormie du disciple et lui fait gravir les degrés ascendants du paradis.
1982 / 14 x 22,5 / 192 pages / 90 FF   *épuisé*

ZAHIRI DE SAMARKAND
LE LIVRE DES SEPT VIZIRS
Traduit du persan et présenté par Dejan Bogdanovic.
L'Orient des contes ! Livre d'aventures autant que de sagesse où se côtoient marchands, artisans et paysans, filous, entremetteuses et ascètes, odalisques et princes. Un enchantement.
Première édition 1975   *épuisée*
Deuxième édition 1986 / 14 x 22,5 / 296 pages / 120 FF   ISBN 2-7274-0025-X / code UD : F7 3330

LA PETITE BIBLIOTHÈQUE SINDBAD

ABÛ NUWÂS
LE VIN, LE VENT, LA VIE
Poèmes traduits de l'arabe par Vincent Mansour Monteil. Calligraphies de Hassan Massoudy.
Abû Nuwâs restera à tout jamais le poète de la joie de vivre, le libertin transgresseur dont la poésie érotique et bachique a fait la délectation de générations de lecteurs.

Première édition 1979 *épuisée*
Troisième édition 1990 / 12,5 x 19 / 200 pages / 75 FF   ISBN 2-7274-0188-4 / code UD : F7 3332

ATTAR
LE LANGAGE DES OISEAUX
Traduit du persan par Garcin de Tassy.
Menés par la huppe, les oiseaux partent à la recherche de leur roi, le Simorg, symbole de Dieu chez les Iraniens. Au cours de terribles épreuves dans leur voyage à travers les sept vallées merveilleuses, ils périssent presque tous. Les trente survivants se reconnaissent à la fin comme le sujet de leur quête : ils sont annihilés dans la Divinité. Né à Nishâpûr vers 1150, le grand poète et mystique persan Attar vécut plus que centenaire. *Le Langage des oiseaux* est son œuvre la plus célèbre.

1982 / 12,5 x 19 / 344 pages / 90 FF *épuisé*

BOKHARI (el-)
L'AUTHENTIQUE TRADITION MUSULMANE
Choix de hadiths, traduits de l'arabe et annotés par Georges-Henri Bousquet.
Les hadiths sont les paroles du Prophète Muhammad ; elles forment un ensemble appelé sunna qui est avec le Coran à l'origine de la Loi musulmane.
De larges extraits traduits, accompagnés de commentaires, nous précisent les principes fondamentaux de l'islam et les pratiques du croyant : prière, jeûne, pèlerinage, nourritures, circoncision, vêtements, communauté et institutions, mariage, mort, héritage, vente et dons, etc. Cet ouvrage englobe et éclaire la théologie, la morale et le rituel islamiques. El-Bokhari, né à Bokhara en 810, mort à Samarkand en 870, s'est consacré, sa vie durant, à l'étude de la Tradition.

1986 / 12,5 x 19 / 296 pages *épuisé*

Chikh BOUAMRANE et Louis GARDET
PANORAMA DE LA PENSÉE ISLAMIQUE
Ce panorama esquisse les différentes périodes de l'histoire culturelle, depuis les origines de l'islam jusqu'à nos jours, sans verser pour autant dans une érudition qui rebuterait le lecteur non spécialiste. L'accent est mis sur les écoles, les mouvements, les hommes les plus représentatifs. Ne s'arrêtant pas à Ghazâlî ou à Ibn Khaldûn, les auteurs présentent les idées et l'action des réformateurs.

Première édition 1984 *épuisée*
Deuxième édition 1991 / 12,5 x 19 / 372 pages / 98 FF   ISBN 2-7274-0203-1 / code UD : F7 3369

Emile DERMENGHEM
VIES DES SAINTS MUSULMANS
Emile Dermenghem – dont les travaux consacrés au culte des saints en islam sont célèbres – propose dans cet ouvrage un ensemble de biographies : celles des grands "Elus" des premiers siècles musulmans. Elles sont enrichies par des anecdotes, des dits attribués aux saints et une lecture des grands traités spirituels.

1981 / 12,5 x 19 / 335 pages *épuisé*

IBN 'ARABÎ
LA PROFESSION DE FOI
Traduit de l'arabe, présenté et annoté par Roger Deladrière.
Cet ouvrage du maître soufi est tout autant un témoignage qu'un enseignement. Exposé des vérités théologiques, utilisation de la "tradition" et des "preuves", paradis et enfer, caractéristiques des soixante-treize sectes appellent une double lecture : celle du croyant et celle de l'homme dans la voie spirituelle du soufisme.
Célèbre philosophe et mystique musulman, né à Murcie en 1165, mort à Damas en 1241, Ibn 'Arabî est l'auteur de très nombreux livres dont plusieurs, traduits en français, ont été publiés par Sindbad : *Les Soufis d'Andalousie, La Vie merveilleuse de Dhû-l-Nûn l'Egyptien, Les Illuminations de La Mecque, Le Chant de l'ardent désir.*

1985 / 12,5 x 19 / 312 pages / 90 FF   ISBN 2-7274-0196-5 / code UD : F7 3367

Ghassan KANAFANI
DES HOMMES DANS LE SOLEIL
Nouvelles traduites de l'arabe et présentées par Michel Seurat.
Tout le drame de la Palestine et de ses habitants dans ces trois nouvelles d'un des écrivains arabes les plus novateurs. Son assassinat en 1972 n'a pas mis fin au retentissement de son œuvre, pas plus que celui de son traducteur n'a mis fin au souvenir de Michel Seurat.

Première édition 1977 *épuisée*
Deuxième édition 1990 / 12,5 x 19 / 208 pages / 75 FF   ISBN 2-7274-0189-2 / code UD : F7 3333

Chukri KHODJA
EL-EULDJ, CAPTIF DES BARBARESQUES
Préface d'Abdelkader Djeghloul.
Ce livre, l'un des tout premiers romans algériens de langue française, pose la question du sentiment national dans sa nouveauté et sa complexité. Parce qu'il est novateur et d'une écriture raffinée, il mérite d'être redécouvert.
Chukri Khodja est né en 1891, à Alger. Après ses études, il fut comptable puis interprète judiciaire dans diverses villes, jusqu'à sa mort en 1967. Il est l'auteur d'un autre roman : *Mamoun ou l'Ebauche d'un idéal.*

1991 / 12,5 x 19 / 172 pages / 78 FF   ISBN 2-7274-0206-6 / code UD : F7 3371

MAJNÛN
L'AMOUR POÈME
Choix de poèmes traduits de l'arabe et présentés par André Miquel.
Qays, amoureux de Laylâ, est né, pour leur malheur à tous deux, poète. Il décide de chanter Laylâ. Il va, ce faisant, la perdre. Et il le sait... Les obstacles, peu à peu, font perdre la raison à Qays : il devient Majnûn le Fou.
Majnûn, selon toute apparence, n'a jamais vécu. Pourtant il existe. A force d'être racontée, amplifiée, embellie, son histoire a fini par s'intégrer au patrimoine culturel des peuples d'Orient.
"André Miquel réussit la prouesse de traduire en vers alexandrins ces poèmes arabes qui célèbrent un amour dont le caractère absolu a fait entrer le couple Majnûn-Laylâ dans la culture arabe et mondiale." *(Les Livres)*

Première édition 1984   *épuisée*
Deuxième édition 1991 / 12,5 x 19 / 112 pages / 68 FF   ISBN 2-7274-0202-3 / code UD : F7 3372

Seyyed Hossein NASR
SCIENCES ET SAVOIR EN ISLAM
Traduit de l'anglais par Jean-Paul Guinhut.
Conception, pratique et transmission de la science et du savoir en islam classique sont décrites par l'auteur. D'abord par l'évocation des grandes figures ; ensuite à travers la classification des sciences – celle d'al-Fârâbî, celle d'Ibn Khaldûn, les deux pôles ; puis par l'exposé du système d'enseignement. Synthèse alerte, jalonnée de longues pages citées. Sorte d'anthologie des savants de l'islam : arabes, persans... des frères de la Pureté à Avicenne, des médecins aux géographes et aux physiciens. Sans omettre les sciences du cosmos et l'alchimie.

Première édition 1980   *épuisée*
Deuxième édition 1992 / 12,5 x 19 / 352 pages 98 FF   ISBN 2-7274-0039-X / code UD : F7 3373

RÛMÎ
LE LIVRE DU DEDANS
Traduit du persan et présenté par Eva de Vitray-Meyerovitch.
Le principal traité en prose du grand poète mystique qui fonda dans l'Anatolie du XIIIe siècle la confrérie des derviches tourneurs.

Première édition 1976   *épuisée*
Troisième édition 1989 / 12,5 x 19 / 320 pages   *épuisée*

TABARÎ
LA CHRONIQUE
Traduit du persan par Hermann Zotenberg.
Réédition en six volumes des six titres composant la célèbre *Chronique* de Tabarî : *De la Création à David* ; *De Salomon à la chute des Sassanides* ; *Mohammed, sceau des prophètes* ; *Les Quatre Premiers Califes* ; *Les Omayyades* ; *L'Age d'or des Abbasides*.
Six volumes sous coffret, ne pouvant être vendus séparément.

1989 / 12,5 x 19   *épuisé*

Juan VERNET
CE QUE LA CULTURE DOIT AUX ARABES D'ESPAGNE
Traduit de l'espagnol par Gabriel Martinez-Gros
Panorama historique, magistrale synthèse et savante vulgarisation, ce livre fait l'inventaire de ce que la culture doit aux Arabes d'Espagne. Le mot "arabe" renvoie ici à une langue, celle de la transmission des savoirs les plus divers de l'Antiquité, de l'Orient ancien et du monde musulman au Moyen Age occidental.

Première édition 1985   *épuisée*
Deuxième édition 1989 / 12,5 x 19 / 464 pages / 138 FF   ISBN 2-7274-0173-6 / code UD : F7 3336

LES GRANDS DOCUMENTS

Paul BALTA et Claudine RULLEAU
L'IRAN INSURGÉ
"D'une haleine, on lit ce livre-mémoire où l'historien et le chroniqueur de l'événement ont réussi à saisir au vif la vague déferlante d'un de ces grands retournements de l'histoire dont l'humanité n'est pas prête de perdre le souvenir." Rezvani *(Le Monde)*
1979 / 14 x 22,5 / 312 pages / Annexe et carte   *épuisé*

BOUZID
LA MARCHE
Traversée de la France profonde par un des participants à la grande marche pour l'égalité d'octobre 1983. Un carnet de route qui est aussi un cri éperdu en faveur de l'intégration dans la fraternité.
1984 / 14 x 22,5 / 196 pages / 41 photographies de Farid L'Haoua   *épuisé*

Charles-André JULIEN
UNE PENSÉE ANTICOLONIALE / POSITIONS 1914-1979
Ecrits rassemblés par Magali Morsy.
"Charles-André Julien fut l'un des pionniers du socialisme en Algérie, l'interlocuteur de Jaurès, de Lénine et Trotski... Il fut encore un militant très actif de la décolonisation... Il faut l'avoir connu téléphonant aux ministres, défiant les présidents, rédigeant les manifestes... Sa vie est un long *J'accuse* qui fait de lui le Zola de la décolonisation." Jean Lacouture
1979 / 14 x 22,5 / 272 pages   *épuisé*

Pierre MIREL
L'ÉGYPTE DES RUPTURES
L'ÈRE SADATE DE NASSER A MOUBARAK
Une analyse nuancée de la politique sadatienne : la paix séparée avec Israël et ses conséquences sur le système régional ; l'ouverture économique et l'exacerbation des tensions sociales ; les limites de la libéralisaion politique.
1982 / 14 x 22,5 / 272 pages   *épuisé*

IDÉES INTERDITES

collection consacrée à l'analyse des grands événements
dans leurs perspectives révolutionnaires

Mourad KAMAL-EDDINE
LE MAROC A LA RECHERCHE D'UNE RÉVOLUTION
1972 / 14 x 22,5 / 176 pages   *épuisé*

Gilbert MURY
SEPTEMBRE NOIR
Préface de Kamal Adwane.
1972 / 14 x 22,5 / 176 pages   *épuisé*

DIVERS

RIVAGES ET DÉSERTS
HOMMAGE A JACQUES BERQUE
Vingt-cinq amis, des poètes et des savants, ont apporté leur contribution pour rendre hommage à l'homme qui a si profondément marqué les relations franco-arabes et méditerranéennes pendant un demi-siècle.
1989 / 14 x 22,5 / 304 pages / 190 FF   ISBN 2-7274-0152-3 / code UD : F7 3339

André MIQUEL
AU MERCURE DES NUITS
Poèmes écrits en arabe et transposés en français par l'auteur.
"Composer des poèmes dans une autre langue que la sienne, c'est-à-dire avoir accès à un autre monde d'émotions, de rythmes et de sonorités, est un privilège dont peu de poètes peuvent user." Patrick Kechichian *(Le Monde)*
1989 / 14 x 22,5 / 64 pages   *épuisé*

Belkacem OULD MOUSSA
LES CHEMINS DE L'INDÉPENDANCE
Récit.
L'œil observateur, fraternel et habité du désir absolu de justice, Abdelkader, fils d'un artisan coiffeur vivant dans le quartier européen d'une ville de l'Algérie colonisée, découvre deux communautés qui ne se rencontrent jamais. Deux communautés ou deux mondes ?
1980 / 12,5 x 21 / 320 pages   *épuisé*

Wiebke WALTHER
FEMMES EN ISLAM
Traduit de l'allemand par Madeleine Maléfant.
L'évolution du statut de la femme et de son rôle en islam : des harems princiers aux grandes mystiques, des esclaves aux femmes politiques, des conceptions érotiques à celles du mariage, des cosmétiques aux costumes.
Première édition 1981
Deuxième édition 1983 / 24, 5 x 27 / 208 pages / 125 illustrations dont 35 en couleurs.   *épuisé*

Ouvrage reproduit et achevé d'imprimer
en janvier 1996 sur les presses de
Impression Façonnage du Centre
pour le compte des Editions Actes Sud
Le Méjan, place Nina-Berberova
13200 Arles

Dépôt légal nouvelle édition : février 1996
N° impr. : 96/031